나를 바꾸는 여섯 가지 용기

즐겨라
위험하게 사는 즐거움

Courage: The Joy of Living Dangerously

Copyright © 1999 Osho International Foundation, www.osho.com/copyrights
Korean translation copyright © 2025 TAE-IL Publishing Company
This Korean edition was arranged with Osho International Foundation, Switzerland
through Best Literary & Rights Agency, Korea
All rights reserved.
Original English: Courage: The Joy of Living Dangerously
OSHO® is a registered trademark of Osho International Foundation, www.osho.com/trademarks
The content of this book is selected from various talks by Osho given over time to a live audience. All of Osho's talks have been published in full as books and are also available as original audio recordings. Audio recordings and the complete text archive can be found via the online OSHO Library at www.osho.com/library

이 책의 한국어판 저작권은 베스트에이전시를 통한
원저작권자와의 독점계약으로 도서출판 태일에 있습니다.
신저작권법에 의해 한국 내에서 보호를 받는 저작물이므로 무단전재와 무단복제를 금합니다.

나를 바꾸는 여섯 가지 용기

즐겨라
위험하게 사는 즐거움

오쇼 라즈니쉬 지음 — 손민규 옮김

용기 : 즐거라 위험하게 사는 즐거움

펴 낸 날 | 2005년 9월 30일 초판 1쇄
　　　　　2025년 9월 19일 개정판 1쇄

지 은 이 | 오쇼 라즈니쉬
옮 긴 이 | 손민규
펴 낸 이 | 이태권
펴 낸 곳 | 태일출판사
　　　　　서울특별시 성북구 성북로5길 12 소담빌딩 301호 (우) 02880
　　　　　전화 | 02-745-8566　　팩스 | 02-747-3238
　　　　　등록번호 | 1979년 11월 14일 제6-58호
　　　　　e - mail | sodambooks@naver.com
　　　　　홈페이지 | www.dreamsodam.co.kr

ISBN 979-11-6027-487-5 (04150)
　　　979-11-6027-484-4 (세트)

- 책값은 뒤표지에 있습니다.
- 잘못된 책은 구입하신 곳에서 교환해드립니다.

용기 있는 자만이 진실할 수 있다.
용기 있는 자만이 사랑할 수 있다.
용기 있는 자만이 신뢰할 수 있다.
용기 있는 자만이 진리를 찾을 수 있다.
그러므로 용기를 가지면
그 밖의 모든 것들은 저절로 따라온다.

| 차례 |

머리말   9

용기란 무엇인가   15
    용기의 길   20
    가슴의 길   26
    지성의 길   39
    신뢰의 길   48
    순수의 길   61

새것이 오도록 문을 열어라!   87

사랑의 용기   103
    사랑은 관계가 아니라 존재이다   122
    이 과자는 맛있구나!   125
    무한의 세계   134
    쉽거나 어렵지 않고, 자연스럽게   140

군중에서 벗어나라   151
    수의 정치학   160
    내적 감각의 소리에 귀를 기울여라   163
    무엇을 위한 자유인가가 중요하다   171
    본래의 면목을 찾아라   175

위험하게 사는 즐거움　　　　　　　　　181
　무엇을 하든 인생은 불가사의하다　　　191
　인생은 항상 거친 들판 속이다　　　　196
　궁극적인 용기는 시작도 끝도 없다　　204

두려움을 넘어서　　　　　　　　　　227
　공허함이 주는 두려움에 대한 명상　　256
　두려움에서 벗어나는 명상　　　　　　258
　신뢰하기 위한 명상　　　　　　　　　260
　두려움을 사랑으로 바꾸는 명상　　　262
　마지막 질문 : 신에 대한 두려움　　　265

머리말

인생이 불확실하다고 하지 말아라! 대신 경이롭다고 해라!
인생이 불안전하다고 하지 말아라! 대신 자유 그 자체라고 해라!

교리는 당신에게 확신을 줄 수 있다. 하지만 나는 교리를 말하기 위해 이 자리를 마련하지 않았다. 미래에 대한 모든 약속은 당신을 안심시킬 것이다. 그러나 나는 장밋빛 미래에 대한 희망을 주기 위해 이 자리에 있는 것이 아니다. 내가 여기에 있는 이유는, 당신이 예민하게 깨어 있으면서 자각하도록 하기 위해서이다. 인생이 주는 모든 불안전, 모든 불확실, 모든 위험을 당당히 받아들여 지금 여기에 존재하도록 하기 위해서이다.

확신을 주는 어떤 교리, 어떤 '주의主義'를 얻기 위해 당신은 이곳에 왔다. 당신은 소속되고 싶은 어떤 곳, 의지하고 싶은 누군가를 찾고 있다. 당신을 이 자리로 이끈 것은 마음속 가득한 두려움이다. 당신은 아름다운 구속을 찾아 헤매고 있다. 그 속에서는 어떤 자각도 필요하지 않다.

하지만 나는 당신에게 더 깊은 불안감과 불확실함을 주려고 한다. 인생이 그러하기 때문이다. 신神이 그러하기 때문이다. 인생이 더 불안하고 위험하게 느껴질 때, 그 인생에 반응하는 유일한 방법은 깨어 있는 것밖에 없다.

아니면 다른 방법도 있다. 당신은 두 눈을 질끈 감고 교리에 맹목적으로 매달리는 사람이 될 수도 있다. 그래서 기독교인, 힌두교인, 이슬람교도가 될 수도 있다. 그러나 이것이 삶을 변화시키지는 못한다. 단지 눈만 감고 있을 뿐으로 바뀌는 것은 없다. 당신의 판단력을 흐려 놓고 당신을 어리석은 사람으로 만들 뿐이다. 우둔함 속에서 당신은 안전하다고 느낀다. 모든 바보는 자신들이 안전하다고 느낀다. 그러나 진정으로 살아 있는 사람은 항상 인생이 불안전하다고 느낀다. 도대체 어디가 안전하다는 말인가?

인생은 톱니바퀴처럼 돌아가는 기계 장치가 아니다. 그러므로 불확실할 수밖에 없다. 인생은 한 치 앞을 가늠할 수 없는 불가사다. 앞날이 어떠할지 아는 사람은 아무도 없다. 만일 신이 있어서 하늘나라에 앉아 세상을 내려다본다고 해도 신조차 앞날은 모른다! 신이 미래에 벌어질 일을 안다면 인생이 얼마나 시시해질 것인가! 모든 일이 각본처럼 미리 쓰여 있고 정해져 있다면 인생에는 어떤 신비도 없다. 미래는 예측불허의 가능성으로 열려 있는 것이기에 신이라고 해도 앞날은 알 수 없는 법이다. 어떠한 일이 일어날지 신이 미리 알고 있다면 삶은 죽은 것이나 다름없는 기계적인 과정이 될 것이다. 그렇게 되면 자유가 있을 수 없다. 자유가 없다면 삶이 무슨 의미가 있겠는가! 삶이라고 할 수 없을 것이다. 당신이 성숙한 존재로 피어날 가능성도 없어진다. 모든 것이 정해져 있다면 영광스러운 삶도 없을 것이고 인간의 존엄성도 없을 것이다. 모든 인간은 로봇에 불과하다.

어떠한 것도 안전하지 않다. 이것이 나의 메시지이다. 인생이 안전할 리 없다. 안전한 인생은 죽음보다 더 나쁘다. 어떠한 것도 확실한 것은 없다. 인생은 불확실한 것들로 충만하다. 경이로움으로 가득하다. 그래서 인생은 아름답다. 당신이 "나는 이제 확신이 들어."라고 말할 일은 영영 오지 않을 것이다. 확신이 든다고 말하는 순간, 당신은 스스로 죽음을 선언하는 것과 같다. 자살을 시도하는 것과 다름없다.

인생은 수만 가지의 불확실성을 가득 싣고 끊임없이 전진한다. 이것이 삶이 가진 자유로움이다. 삶을 불안전하다고 하지 말아라!

어째서 마음이 자유를 '불안전'하다고 부르는지 나는 잘 알고 있다. 몇 달 또는 몇 년 동안 감옥에 갇힌 적이 있는가? 감옥 안에서 몇 년을 지낸 후에 드디어 석방되는 날이 되었을 때 죄수가 느끼는 것은 미래에 대한 불확실이다. 감옥에 갇혀 있었을 때는 모든 것이 확실했다. 모든 것이 한 치의 오차도 없이 확실하게 돌아갔다. 매끼 식사가 나오고 비바람으로부터 보호받았다. 내일은 식사가 나올까? 배가 고프지 않을까? 걱정할 필요가 전혀 없었다. 모든 것이 확실했다. 그렇게 긴 세월을 감옥 안에서 갇혀 지낸 후, 어느 날 갑자기 교도관이 와서 "이제 석방이다."라고 말한다면 죄수가 제일 먼저 느끼게 되는 감정은 두려움일 것이다. 감옥의 담을 넘어가면 모든 것이 불확실하다. 또다시 먹을 것과 지낼 곳을 찾아 헤매야 한다. 또다시 자유 속에서 살아가야 한다.

자유는 두려움을 불러일으킨다. 사람들은 자유에 대해 이런저런 말들을 하지만 사실 그들은 두려워하고 있다. 자유를 두려워하면 진정한 의미의 인간이 되지 못한다. 이제 내가 당신에게 자유를 줄 것이다. 안전함은 주지 않을 것이다. 나는 당신을 깨닫도록 할 것이다. 지식은 주지 않을 것이다. 지식이 있으면 확신이 들게 된다. 내가 당신에게 어떠한 교리를 말한다면, 신과 성령과 독생자 예수가 있다느니, 지옥과 천국이 있고 선행과 악행이 있다느니, 죄를 지으면 지옥에 가고 선행을 하면 천국에 간다느니 하는 말을 한다면 당신은 확신에 가득 차 안도감을 느낄 것이다. 이러한 이유로 사람들은 기독교인, 힌두교인, 이슬람교인, 자이나교인이 된다. 그들이 원하는 것은 자유가 아니라 판에 박힌 교리이다.

한 남자가 죽어 가고 있었다. 갑작스럽게 당한 교통사고였다. 이 남자는 유대인이었는데, 사람들은 이 사실을 모르고 가톨릭 신부를 불러왔다. 매우 고통스러워하며 마지막 숨이 넘어가려던 찰나, 신부가 그의 귀에 대고 이렇게 말했다.

"성부 하느님, 성자 예수님, 성령, 이 삼위일체를 믿으십니까?"

그러자 죽어 가던 남자가 눈을 크게 뜨면서 말했다.

"이보시오, 죽어 가는 사람한테 그런 수수께끼를 내면 어떻게 합니까?"

죽음이 당신의 문을 두드리는 순간, 지금까지 확실하다고 믿었던 것들은 한낱 알쏭달쏭한 수수께끼로만, 바보 같은 짓으로만 남게 될 것이다. 그러므로 어떠한 확신도 추구하지 말아라! 인생은 불확실하다. 불확실성, 이것이 인생의 본질이다. 지성이 있는 사람은 항상 불확실성을 맞아들인다.

불확실성을 기꺼이 맞이하는 자세를 바로 '용기'라고 한다. 불확실한 인생 속에 기꺼이 있으려고 하는 자세를 '신뢰'라고 한다. 지성이 있는 사람이란 어떠한 상황에서든 예민하게 깨어 있으면서 그 상황을 가슴 전체로 반응하는 사람이다. 지성이 있는 사람은 내일 무슨 일이 일어날지 모른다. '이것을 하면 이런 결과가 될 거야'라고 생각하지 않는다. 인생은 과학이 아니다. 원인과 결과가 사슬로 묶여 있는 것이 아니다. 100도에서 물이 끓으면 수증기가 된다는 사실은 확실하다. 그러나 실제 인생에서 어떠한 것도 이렇게 확실하게 이루어지지는 않는다.

모든 개인의 본질은 자유이다. 그것도 미지의 자유이다. 따라서 예상하거나 예견하는 것은 불가능하다. 그러므로 모든 사람은 깨어 있으면서 자각하며 살아야 한다.

당신은 지식을 얻기 위해 나에게 왔다. 당신이 원하는 것은 공식화된 교리이다. 맹목적으로 매달릴 무엇인가를 얻기 위해 왔다. 그러나 나는 어떠한 교리도 주지 않을 것이다. 당신이 여태껏 품고 있던 교리가 있다면, 나는 그것마저 떼어내 버리도록 할 것이다. 나는 당신이 품어 왔던 확신을 서서히 깨뜨릴 것이다. 그리고 점차 당신을 망설이도록 할 것이다. 천천히 당신을 불확실성 속으로 빠뜨릴 것이다. 내가 할 일은 단 한 가지뿐이다. 당신을 완전히 자유롭게 만드는 것, 이것이 스승이 해야 할 단 한 가지 일이다. 완전한 자유를 누릴 때, 그 어떠한 것도 확정되어 있지 않은 채 모든 가능성이 당신 앞에 열려 있을 때, 당신은 깨어 있어야만 한다. 그 밖의 다른 것들은 아무것도 필요 없다.

이것이 인생을 바르게 이해하는 것이다. 바른 이해가 생기면 인생이 본질에서 불안전하다는 점을 받아들이게 된다. 인생은 마땅히 불안전해야 한다. 불안전한 인생에서만 삶은 자유로 가득 찰 것이고 경이로움이 연속될 것이기 때문이다. 앞날에 무슨 일이 일어날지 아는 사람은 아무도 없다. 아무도 모른다는 이 사실이 경이로움을 느끼게 한다. 인생이 불확실하다고 하지 말아라. 대신 경이롭다고 해라. 인생이 불안전하다고 하지 말아라. 대신 자유 그 자체라고 해라.

용기란 무엇인가

용기는 미지의 세계 안으로 들어서기 위해 기존 세계를 위험에 빠뜨린다. 낯선 것을 위해 익숙한 것을, 그리고 불편한 것을 위해 편안한 것을 위태롭게 만든다. 미지의 목적지를 향한 고된 여행길이 열린 것이다. 아무도 이 고된 여행이 성공할 것인지 장담할 수 없다. 마치 도박과 같다. 그러나 인생이 무엇인지를 아는 사람은 도박사뿐이다.

비겁한 사람과 용기가 있는 사람이 처음부터 크게 다른 것은 아니다. 다른 점이 있다면, 비겁한 사람은 두려운 마음에 사로잡혀 굴복하지만, 용기가 있는 사람은 두려움을 극복하고 미지의 세계 안으로 들어간다.

용기는 모든 두려움을 뛰어넘어 미지의 세계 안으로 걸어 들어가는 것을 뜻한다. '용기가 있다'는 것이 '두려움이 없다'는 뜻은 아니다. 두려움을 극복하고 의연하게 앞으로 나아가면 결국 모든 두려움은 사라지게 된다. 모든 두려움의 소멸이라고 할 수 있다. 용기를 내어 앞으로 나아가는 사람은 이러한 경지에 다다르고 두려움은 사라진다. 그러나 비겁한 사람과 용기가 있는 사람이 처음부터 크게 다른 것은 아니다. 다른 점이 있다면, 비겁한 사람은 두려운 마음에 사로잡혀 굴복하지만, 용기가 있는 사람은 두려움을 극복하고 미지의 세계 안으로 들어간다. 용기가 있는 사람은 자신의 마음속에 두려움이 있다는 것을 알고 있을 뿐, 그것에 얽매이거나 사로잡히지 않는다. 두려움이 그저 거기에 있다는 것을 알고 있을 뿐이다.

콜럼버스처럼 미지의 바다로 들어서면 두려움이 닥쳐온다. 엄청난 두려움이 밀려온다. 앞으로 일어날 일을 전혀 알지 못한다. 안전한 해변에서 벗어나려는 것이다. 해변에 있으면 안전하겠지만, 단 하나가 없다. 바로 모험이다. 미지의 세계 안으로 들어갈 때는 온몸이 전율에 휩싸인다. 심장은 다시금 힘차게 뛰기 시작한다. 당신은 자신이 살아 있음을, 한 번 더 생생히 살아 있음을 느끼게 된다. 몸의 모든 세포가 살아나게 된다. 지금 당신은 미지의 세계 속으로 성큼성큼 들어가고 있다.

두려움을 극복하고 미지의 세계를 향해 모험을 감행하는 것이 바로 '용기'이다. 두려움은 그곳에 있다. 그러나 그 두려움에 사로잡히지 않고 앞으로 나아간다면 두려운 마음은 서서히 사라진다. 미지의 세계를 탐험할 때 커다란 기쁨이 생긴다. 알 수 없는 새로운 세계 속으로 들어설 때, 크나큰 환희를 맛볼 수 있다. 그 기쁨과 환희가 당신을 더욱 강하게 만든다. 그리고 당신은 통합적인 존재가 되며 지성은 또렷이 깨어난다. 태어나서 처음으로 인생이 권태로움이 아니라 모험이라는 사실을 알게 된다. 두려운 마음은 서서히 사라진다. 당신은 항상 새로운 모험을 추구하게 될 것이다.

그러나 근본적으로 용기라는 것은 미지의 세계 안으로 들어가기 위해 기존의 세계를 위험에 빠뜨린다. 낯선 것을 위해 익숙한 것을, 그리고 불편한 것을 위해 편안한 것을 위태롭게 만든다. 미지의 목적지를 향한 고된 여행길이 열린 것이다. 아무도 이 고된 여행이 성공할 것인지 장담할 수 없다. 마치 도박과 같다. 그러나 인생이 무엇인지를 아는 사람은 도박사뿐이다.

용기의 길

　인생은 당신의 논리에 귀를 기울여 주지 않는다. 삶은 아랑곳하지 않고 제 길을 갈 뿐이다. 그러므로 당신이 삶의 가르침에 귀를 기울여야 한다. 인생은 당신의 논리를 거들떠보지도 않고 신경을 쓰지도 않는다.
　당신이 치열한 삶으로 들어간다면 그곳에 무엇이 있을까? 거센 폭풍이 불고 커다란 나무가 쓰러진다. 찰스 다윈의 이론에 의하면 가장 튼튼하고 힘센 나무만이 살아남게 된다. 심은 지 오래된 나무가 한 그루 있다. 수명이 3,000년이나 되었고 높이는 90m에 이른다. 바라보기만 해도 힘과 기운이 느껴지는 나무이다. 수많은 뿌리들이 땅속 깊숙이 박혀 있어 나무를 탄탄히 지탱하고 있다. 폭풍이 몰아치면 나무는 쓰러지지 않으려고 안간힘을 쓰겠지만 결국 이기지 못하고 쓰러져 죽는다. 폭풍은 너무 강력하다. 아무리 튼튼한 나무라도 폭풍에 맞서 이길 수는 없다. 폭풍이 전체를 의미한다면 나무는 그저 한 개의 개체에 지나지 않기 때문이다.

작은 나무와 평범한 풀이 있다. 폭풍이 몰아치면 풀은 엎드린다. 폭풍이 어떠한 해도 가하지 못한다. 더구나 폭풍은 풀잎을 깨끗하게 만든다. 그것으로 끝이다. 풀잎에 쌓였던 먼지가 깨끗이 씻겨 내려가서 매우 깨끗해졌다. 폭풍이 물러가고 나면 작은 나무와 풀들은 다시 이리저리 흔들리며 춤을 춘다. 풀은 뿌리가 약해 어린아이도 뽑을 수 있지만, 패배한 쪽은 풀이 아니라 폭풍이다. 아무리 거센 폭풍도 한 포기의 풀을 이기지 못한다.

풀은 노자의 도道를 좇았고 큰 나무는 찰스 다윈을 좇았다. 큰 나무는 논리의 힘을 따랐다. 힘을 과시하려고 맞섰다. 힘을 과시하려고 한다면 패배하는 것은 당연한 일이다. 노자와 같은 사람은 작은 나무라고 할 수 있다. 항상 무릎을 꿇을 준비가 되어 있기에 패배하는 법이 없다. 이미 항복한 사람을 어떻게 이길 수 있겠는가! 이러한 사람은 "항복입니다.", "승리의 기쁨을 마음껏 누리세요. 반항하지 않겠습니다. 이미 졌으니까요."라고 말한다. 알렉산더도 노자와 같은 사람 앞에서는 자신의 존재가 하찮다는 사실을 깨달을 수밖에 없다. 알렉산더는 노자의 털끝 하나도 건드릴 수 없다. 실제로 아래와 같은 사건이 있었다.

알렉산더 시대에 단다미스Dandamis라는 산야신(Sannyasin), 힌두교에서 구도자를 이르는 말_역주가 있었다. 어느 날 알렉산더가 인도로 출정하기 위해 나설 때, 친구들이 와서 그곳에 가면 수행자 한 명을 꼭 데리고 와야 한다고 말했다. 희귀한 꽃과 같은 수행자들은 인도에만 있기 때문이었다. 친구들은 말했다.

"구도의 길을 간다는 것이 도대체 무엇인지, 그런 길을 가는 사람들은 어떠한 사람들인지 직접 보고 싶습니다."

전쟁터에 나가 싸우는 동안에 알렉산더는 친구들의 말을 까맣게 잊고 있다가 귀국길에 인도 국경에 이르러서야 갑자기 기억해냈다. 알렉산더는 인도의 마지막 마을을 지나가면서 병사들에게 마을로 가서 산야신이 근처에 있는지 물어보고 오라는 명령을 했다. 우연히 단다미스가 마을 근처의 강가에 머물고 있었다. 마을 사람들이 대답했다.

"제때 잘 찾아오셨네요. 산야신들은 많지만 진짜 산야신은 몇 사람 되지 않지요. 그가 바로 이 마을에 있습니다. 직접 만나서 가르침을 받으시오. 가서 만나십시오."

알렉산더는 비웃었다.

"나는 가르침 같은 것은 필요 없다. 병사들이 그를 끌고 오면 우리나라로 데려갈 것이다."

마을 사람들은 대답했다.

"글쎄요, 쉽지 않을 텐데요."

알렉산더는 마을 사람들의 말에 콧방귀를 꼈다. 무엇이 어렵단 말인가? 알렉산더는 쟁쟁한 황제들과 용맹한 장수들까지 모두 거꾸러 뜨렸다. 그까짓 거지와 다를 바 없는 수행자가 뭐 대수란 말인가! 병사들이 단다미스를 만나러 갔을 때, 그는 강둑에서 벌거벗은 채 서 있었다. 병사들은 말했다.

"알렉산더 대왕께서 자네를 왕의 나라로 데려가고자 초청하셨네. 당신이 원하는 것은 무엇이든 제공될 것이네. 왕의 손님이 된다는 말일세."

벌거벗은 단다미스는 웃으면서 말했다.

"가서 왕에게 전해라! 스스로 위대하다고 하는 사람은 절대 위대할 수가 없다. 누구도 나를 데리고 갈 수 없다. 산야신은 구름처럼 자유롭다. 누구에게도 묶이지 않는다."

병사들은 말했다.

"틀림없이 알렉산더 대왕이 누구인지 들어봤을 텐데? 대왕을 건드리면 큰일 날 거야. 거절했다가는 그 즉시 목이 날아갈 것이야."

병사들은 알렉산더에게 돌아와 보고를 했다.

"그 산야신은 대단히 훌륭한 사람입니다. 어떠한 알 수 없는 기운이 그의 주변을 휘감고 있습니다. 벌거벗었어도 그가 벗었다는 느낌이 전혀 들지 않습니다. 나중에서야 그가 벌거벗고 있다는 사실을 알게 되었습니다. 그가 내뿜는 기운이 얼마나 강한지, 그 사람 앞에 서면 온 세상을 망각하게 됩니다. 마치 자석처럼 빨려들어 갑니다. 깊은 침묵이 그의 주변을 휘감고 있습니다. 온 세상이 마치 그 사람 때문에 즐거워하는 듯합니다. 그는 만날 만한 가치가 있는 훌륭한 사람입니다. 하지만 약간의 문제가 있습니다. 가난한 그 사람은 아무도 자신을 데리고 갈 수 없다고 말했습니다. 누구에게도 구속되지 않는다고 말했습니다."

알렉산더가 직접 갈 수밖에 없는 상황이었다.

알렉산더는 칼집에서 칼을 빼 들어 단다미스에게 달려갔다. 단다미스는 웃으면서 말했다.

"칼을 내려놓으시오. 여기에서는 소용없으니 칼집에 도로 집어넣으시오. 당신은 나를 벨 수 없소. 나는 오래전에 육체의 차원을 초월한 몸, 어찌 나를 벨 수 있겠소. 칼을 집어넣으시오. 어린아이처럼 굴지 마시오."

나중에 전해진 바에 따르면, 이것이 알렉산더가 누군가의 명령을 따른 최초의 사건이었다고 한다. 알렉산더는 단다미스 앞에서 자신이 누구인지 잊었다. 알렉산더는 칼을 칼집에 도로 넣으면서 말했다.

"이처럼 아름다운 사람을 만난 적이 없도다."

진영으로 되돌아간 알렉산더는 말했다.

"이미 죽어 있는 사람을 어떻게 죽이겠는가. 죽은 사람을 죽이는 것은 아무 의미도 없다. 싸우려고 덤비는 자는 죽일 수 있다. 그런 사람을 처치하는 것은 의미가 있을 것이다. 하지만 작정하고 '여기 머리가 있으니 베시오'라고 말하는 사람은 절대 죽일 수가 없다."

단다미스는 이렇게 말했다.

"여기 머리가 있으니 베시오. 머리가 떨어지면 당신이 모래 위에 떨어진 머리를 보듯이 나도 내 머리를 볼 수 있소. 나는 육체가 아니기 때문이오. 나는 모든 것을 지켜보는 사람이오."

나중에 알렉산더는 친구들에게 이렇게 말했다.

"내 마음대로 데려올 수 있는 사람 같았으면 이미 산야신이 아니다. 나는 아주 훌륭한 사람을 만났다. 너희들도 이미 이야기를 들었듯이 그의 존재가 피우는 꽃은 정말 고귀하다. 죽음을 두려워하지 않기에 그 누구도 그를 어찌하지 못한다. 죽음을 두려워하지 않는 사람에게 무엇을 강요할 수 있겠는가?"

당신이 그 무엇의 노예가 되는 것은 바로 당신의 두려움 때문이다. 두려움에 휩싸여 있을 때 노예가 된다. 두려워하지 않으면 결단코 노예가 되지 않는다. 누군가가 당신을 노예처럼 부려 먹기 전에 당신이 먼저 다른 사람들을 노예로 삼으려고 하는 것도 두려움 때문이다.

두려워하지 않는 사람은 다른 사람을 무서워하지 않을뿐더러, 다른 사람을 무섭게 하지도 않는다. 모든 두려움은 깨끗이 사라진다.

가슴의 길

'용기'라는 뜻의 Courage는 꽤 흥미로운 낱말이다. '가슴'이라는 뜻의 라틴어 cor가 어원이다. 용기가 있다는 것은 가슴으로 산다는 뜻이다. 그러나 나약하기 짝이 없는 사람들은 머리로 산다. 유약한 사람들은 두려움에 떨면서 이성이라는 안전한 장막을 친다. 두려워하기에 신학, 관념, 단어, 이론들로 무장하고 외부와의 모든 창문과 대문을 봉쇄한다. 그리고 그 뒤로 숨어버린다.

가슴으로 사는 길이 바로 용기의 길이다. 가슴으로 산다는 것은 불확실하게 산다는 뜻이다. 사랑과 신뢰로 사는 것으로, 미지의 세계 안으로 들어가는 것이다. 과거에서 벗어나 앞으로 찾아올 미래를 받아들이는 것이다. 용기는 위험한 길로 발을 내딛는 것과 유사하다. 인생은 온갖 위험으로 가득 차 있다. 비겁한 사람만이 위험을 피해 안전하게 살려고 한다. 바로 그 순간에 비겁한 사람은 이미 죽은 사람과 같다. 살아 있는 사람, 정말 살아 있는 사람, 힘차게 살아 있는 사람은 항상 미지의 세계 안으로 들어가려고 한다. 그곳에는 위험이 도사리고 있지만, 기꺼이 위험을 감수한다. 가슴은 항상 위기를 맞을 준비가 되어 있다. 가슴은 도박사이다. 그러나 머리는 사업가이다. 항상 계산적이고 치밀하다. 그러나 가슴은 계산적인 적이 없다.

Courage라는 낱말은 그 의미가 얼마나 멋있고 흥미로운가! 가슴에 의지하며 산다는 것은 참된 의미를 찾으면서 산다는 뜻이다. 가슴에 의지하여 사는 시인은 점점 가슴 속에서 들려오는 미지의 소리에 귀를 기울인다. 머리는 미지의 세계에서 멀리 떨어져 있기에 아무 소리도 들을 수가 없다. 머리는 기존 세계의 것들로 가득 차 있다.

그러면 마음이란 무엇인가? 마음이란 지금껏 알고 있는 모든 것의 총체라고 할 수 있다. 과거이고, 죽은 것이고, 지나간 것이다. 마음은 과거의 축적물, 다시 말해 기억일 뿐이다. 그러나 가슴은 마음과 다르다. 가슴은 미래를 뜻한다. 가슴은 항상 희망을 품고 미래의 어딘가를 지향한다. 머리는 과거를 생각하고 가슴은 미래를 꿈꾼다.

미래는 머지않아 앞으로 다가올 것이다. 곧 우리 앞에 다가올 것이다. 미래는 가능성을 품는다. 앞으로 다가올 것이고 언제나 다가오는 중이다. 매 순간 미래는 현재가 되어 가고 있고, 현재는 과거가 되어 간다. 과거는 아무런 가능성도 품을 수 없다. 이미 지나간 것이기 때문이다. 우리는 이미 과거라는 순간에서 벗어나고 있다. 과거는 이미 전부 사용해 버린 것, 죽은 것이다. 과거를 '무덤'이라고 한다면 미래는 '씨앗'이라고 할 수 있다. 미래는 지금 순간에도 우리 앞에 다가오고 있고, 항상 다가와서 현재라는 이 순간과 접점을 이루고 있다. 당신은 멈추지 않고 항상 움직이고 있다. 현재는 미래로 향하는 하나의 연결 시점일 뿐이다. 당신이 내딛는 이 순간의 한 걸음 한 걸음이 현재이다. 그리고 그 걸음은 미래를 향하고 있다.

세상 사람들은 누구나 진실하기를 원한다. 진실한 경우에 커다란 기쁨과 넘쳐나는 지복至福을 경험하기 때문이다. 거짓되기를 바라는 사람은 이 세상에 아무도 없다. 진실에 대해서 이렇게 확실한 생각을 품듯이, 용기에 대해서도 조금 더 깊이 생각할 필요가 있다. 당신은 왜 두려워하는가? 세상이 그대를 어떻게 할지 몰라서 두려운가? 사람들은 당신을 비웃을지 모르지만, 이것 역시 당신이 사람들에게 좋은 일을 하고 있다는 것이다. 웃음은 건강해지는 보약이 아닌가! 사람들은 당신이 미쳤다고 생각할 수도 있다. 그러나 세상 사람들에게 미쳤다고 손가락질을 받는 것 자체가 당신이 미치지 않았다는 증거가 된다.

당신이 자신의 기쁨과 눈물과 춤의 진정한 주인이 될 때 당신을 이해하는 사람이 생길 것이다. 그리고 머지않아 당신이 떠나는 여행에 동참하게 될 것이다. 나는 혼자 이 길로 떠나왔건만, 다른 사람들이 계속해서 합류하여 세계적인 여행단團이 되지 않았던가! 나는 누구에게도 먼저 초대한다고 하지 않았다. 그저 가슴에서 우러나오는 것을 단순히 행동으로 옮겼을 뿐이다.

내가 책임감이라는 것을 느낀다면 세상 사람들이 아닌, 나의 가슴에 대해 느끼는 감정이다. 내가 그렇듯이 당신도 자신의 존재에 대해 책임감을 느껴야 한다. 존재에 맞서지 말아라! 존재에 맞서는 것은 곧 자살이다. 자신을 파멸시키는 것이다. 존재에 맞서면 무엇이 이득이겠는가! 세상 사람들이 당신을 존경스러운 사람으로 아무리 우러러보아도, 당신을 진지한 사람으로 아무리 치켜세워도, 이러한 존경과 칭찬이 당신의 존재를 윤기 나게 만들지는 못한다. 인생에 대한 어떠한 성찰도 줄 수 없고, 인생이 얼마나 멋진지도 깨닫게 할 수 없다.

당신이 태어나기 이전에 얼마나 많은 사람이 이 지구에 살았던가? 그들의 이름조차 모른다. 정말 존재했는지도 크게 중요하지 않다. 그들 중에는 성자도 죄인도 위대한 사람도 괴짜도 미치광이도 있었다. 그러나 모두 땅 위에 발자국 하나 남기지 않고 사라졌다.

당신이 유일하게 관심을 두어야 할 것은, 죽음이 육체와 정신을 파괴할 때도 여전히 남아있는 품성들을 잘 보살피고 보호하는 일이다. 이러한 품성들이 당신의 유일한 동반자가 되기 때문이다. 진정한 가치가 있고 손에 넣는 사람만이 살아 있다고 말할 수 있다. 다른 사람들은 살아 있는 척을 할 뿐이다.

어느 날 밤, KGB 요원이 유셀 핀켈스타인의 집 대문을 두드렸다.

유셀이 문을 열자, 요원은 소리쳤다.

"여기, 유셀 핀켈스타인이 살고 있나?"

"아닌데요."

낡아서 해진 파자마를 입은 유셀이 대답했다.

"없다고? 그럼, 당신은 이름이 뭐요?"

"유셀 핀켈스타인인데요."

요원은 화가 나서 그를 바닥에 때려눕히며 말했다.

"여기에 그런 사람은 살지 않는다고 했잖아?"

유셀이 대답했다.

"제가 살아 있는 것처럼 보이세요?"

목숨이 붙어 있다고 항상 살아 있다고 할 수 없다. 당신의 인생을 돌아보라! 삶을 축복이라고 말할 수 있는가? 인생을 선물이라고, 존재의 세계로부터 받은 선물이라고 말할 수 있는가? 또다시 이러한 삶을 준다면 기꺼이 받아들이겠는가?

어떠한 경전이든 귀담아듣지 말아라! 그리고 오로지 당신 가슴의 소리에 귀를 기울여라! 가슴은 내가 권하는 유일한 경전이다. 의식을 집중시켜서 유심히 귀를 기울이면 절대 그릇된 길로는 가지 않을 것이다. 가슴에 기대어 살면 당신 존재가 분열되는 일도 없을 것이다. 이 길이 옳은지 그른지 생각할 필요도 없다. 가슴에 의지하여 살면 항상 올바른 길로 향하게 될 것이다.

신新 인류에게 필요한 새로운 기술은, 예민하게 깨어서 가슴에 귀를 기울이며 살아가는 비밀을 터득하는 기술이다. 어디로 이끌더라도 가슴을 따라가라! 때때로 가슴에 의지하여 살다 보면 위험 속으로 빠질 수도 있다. 그러나 명심해라! 한 단계 높은 성숙을 위해 이러한 위험도 필요하다는 사실을. 가슴에 의지하여 살다 보면 어떠한 경우는 길을 잃을 수도 있다. 그러나 또 명심할 것이 있다. 길을 잃는 것도 내적인 성장으로 가는 하나의 방법이 된다. 당신은 셀 수도 없을 만큼 넘어지고 또 일어설 것이다. 칠전팔기를 거듭할 때, 비로소 내면의 기운을 모을 수 있다. 바로 이것이 존재의 통합을 이루는 방법이다.

외부에서 정한 규율을 따르지 말아라! 누군가로부터 강요된 규칙은 절대 옳을 리가 없다. 그러한 규칙들은 누군가를 몹시 지배하고 싶은 인간들이 만든 것이다. 커다란 깨달음을 얻는 사람들은 계속 지구상에 존재했다. 부처, 예수, 크리슈나힌두교 비슈누 신神의 한 모습. 실존 인물이라는 설도 있음_역주, 모하메드와 같은 사람들이다. 그러나 그들은 인류에게 어떠한 규칙도 강요하지 않았다. 그들이 준 것은 오로지 사랑뿐이었다. 그러나 이후 제자들이 하나둘씩 모이면서 행동양식을 만들기 시작했다. 인류의 스승들이 세상을 떠난 후에 그들이 내뿜던 광명은 사라지고 제자들은 깊은 암흑에 빠졌다. 제자들은 암흑에서 벗어나기 위해 규칙을 만들기 시작했다. 그들의 앞길을 비추고 있던 빛이 사라졌기 때문에 강제로라도 따라야 할 무엇인가가 필요했다. 오늘날, 인류의 스승들이 던진 빛은 모두 사라지고 대신 규칙만이 남았다. 지금은 규칙이 모든 것을 좌지우지하고 있다.

예수가 한 일은 무엇인가? 예수는 가슴이 속삭이는 대로 행동했다. 과연 현대의 기독교인들은 그들의 가슴이 소곤거리는 대로 행동하고 있는가? 절대 아닐 것이다. 그들은 예수가 한 일을 흉내만 내고 있을 뿐이다. 다른 사람의 행동을 따라 하는 그 순간, 당신은 자신의 인성을 모독함과 동시에 당신의 신도 욕보이고 있다.

절대 다른 사람의 흉내를 내지 말아라! 당신 스스로 독창적인 사람이 되어라! 다른 사람의 복사물이 되지 말아라! 그러나 세상 어디를 둘러봐도 여기저기 온통 복사물투성이다.

당신 스스로 독창적인 사람이 될 때 인생은 하나의 춤으로 승화된다. 그리고 세상은 당신을 복사물이 아닌 원본으로 인정할 것이다. 크리슈나가 부처와 얼마나 다른지 한번 살펴봐라! 크리슈나가 부처의 행동을 따라 했다면, 우리는 이 땅에서 가장 아름다운 사람 한 명을 잃었을지도 모른다. 부처가 크리슈나의 행동을 따라 했다면, 그는 한낱 특이한 인물에 지나지 않았을 것이다. 부처가 피리 부는 모습을 상상해 봐라! 부처의 엉성한 피리 소리를 듣고 얼마나 많은 사람이 잠을 설치겠는가. 부처는 피리 연주자가 아니다. 그리고 부처가 춤을 추는 모습도 떠올려 봐라! 얼마나 우스꽝스러운가.

크리슈나도 마찬가지이다. 피리도, 공작 깃털로 만든 화려한 관(冠)도, 아름다운 의복도 없이 누더기 차림으로 나무 아래 앉아 두 눈을 감은 크리슈나를 생각해 봐라! 주위에 가무歌舞도 없다고 생각해 봐라! 크리슈나는 그저 가난뱅이의 모습일 뿐이다. 부처는 부처이고 크리슈나는 크리슈나이다. 그리고 당신은 당신 자신이다. 당신은 다른 사람보다 절대 못난 존재가 아니다. 자신을 존중해라! 당신의 내면으로부터 들려오는 소리에 경의를 표하고 그대로 따라라!

그러나 명심해라! 당신의 내면의 소리에 따라 산다고 항상 옳은 길로만 인도되는 것은 아니다. 그 길은 당신을 잘못된 문으로 수없이 인도할 것이다. 옳은 문에 도달하기 위해서는 먼저 잘못된 문을 수없이 두드려야 한다. 이치가 그렇다. 여기저기 헤매다가 우연히 옳은 문 앞에 섰다고 상상해 보자. 그런데 그것이 옳은 문인지 알아차리지 못할 수도 있다. 그렇기에 모든 것을 최종적으로 아울러 보면 헛된 노력이란 없다. 모든 수고와 노력이 한데 모여 당신을 최고점까지 성장시키는 데 이바지할 것이다.

그러므로 서두르지 말아라! 잘못된 길로 가지 않을까 너무 염려하지 말아라! 걱정하면서 사는 것이 바로 문제이다. 사람들은 잘못하면 안 된다고 귀에 못이 박히도록 들었다. 그래서 무엇인가 잘못되지 않을까 하며 항상 전전긍긍하고 두려워한다. 두려움 때문에 한자리에서 옴짝달싹 못 하고 있다. 한 발자국이라도 떼면 무엇인가 잘못될 것 같아서 아예 움직이지도 않는다. 결국 바위처럼 그 자리에서 영영 움직이지 못하는 존재가 된다.

할 수 있을 만큼 많은 실수를 저지르되, 한 가지 사실만 마음속에 새기면 된다. 똑같은 실수를 되풀이하지 말아라! 그러면 그대는 점점 성장하게 될 것이다. 어디선가 길을 잃고 헤매는 것도 당신이 누리는 자유의 한 부분이요, 신에게 대항하는 것도 당신이 지닌 존엄성의 한 부분이다. 신에게 대항하는 것조차 아름다운 순간들이 있다. 그리고 신에게 당당히 맞설 수 있을 때, 당신은 독자적인 존재가 된다. 그렇지 못하고 중심 없이 사는 사람들이 얼마나 많은지 보라!

'이것은 옳고 저것은 잘못됐어!'라는 수만 번도 더 들어 왔던 모든 말들을 잊어라! 인생에는 옳고 그름이 정해져 있지 않다. 오늘 옳았던 것이 내일이면 잘못된 것이 될 수도 있다. 지금 순간에는 틀렸던 일이 내일 아침이면 옳게 될지도 모른다. 인생은 선과 악을 칸칸이 분류해 놓는 서랍이 아니다. '이것은 맞고 저것은 틀려!'라는 꼬리표를 붙일 수 없다. 약국에서는 한눈에 알아보기 위해서 약병마다 약 이름을 써 놓겠지만, 인생은 그렇지 않다. 삶이란 불가사의하다. 어느 순간에는 옳았던 것이 다른 순간에서는 잘못된 것이 된다. 마치 갠지스강이 어디에도 머물지 않고 계속 흘러가듯이 옳고 그름도 그렇게 흘러간다.

그러면 과연 무엇이 옳은 것일까? 존재 세계와 조화를 이루는 모든 것은 옳다. 반면 조화를 깨뜨리는 모든 것은 옳지 않다. 선善이 무엇인지는 모든 순간마다 새롭게 정해진다. 그러므로 항상 예민하게 깨어 있어야 한다. 세상에는 옳고 그름의 기준이 있지만, 이미 만들어진 기준에 의지해서는 안 된다. 어리석은 사람만이 세상의 기준을 따른다.

그러면 선이 무엇인지 고심할 필요조차 없다. 당신은 이미 선과 악을 기준을 익히 들어서 알고 있다. 옳고 그름을 나열한 목록은 너무 쉬워서 충분히 외울 수 있다.

여기 몹시 간단한 십계명이 있다. 이 십계명을 통해 옳고 그름을 분명히 알 수 있다. 그러나 인생이란 끊임없이 변화한다. 모세가 현대에 다시 등장한다면 똑같이 십계명을 주장할 수 있을까? 불가능하다. 3000년이 지난 지금, 똑같은 계율을 주장한다는 것은 말도 안 된다. 현대인들에게는 아마 새로운 다른 계율을 만들어야 효과가 있을 것이다.

계율은 만들어진 시기와 상관없이 사람들에게 주어지는 순간 시대에 뒤떨어진 것이 되고 만다. 그래서 계율은 항상 골칫거리가 된다. 인생은 눈 깜짝할 사이 앞으로 나아간다. 삶은 멈춰 있지 않고 역동적으로 변화한다. 인생은 고여 있는 물이 아니라 계속해서 흐르는 갠지스강과 같다. 이 순간이 지나면 삶은 다른 모습으로 다가온다. 그러므로 이 순간에 옳은 것이 다음 순간에는 잘못된 것이 될 수 있다.

선과 악에 대해 내가 당신에게 해 줄 수 있는 것은 단 한 가지다. 당신을 항상 깨어 있게 만들어 변화무쌍한 삶에 스스로 반응하도록 하는 것이다.

선禪에 관한 이야기가 있다. 경쟁 관계에 있는 절이 두 곳 있었는데, 두 절에는 오랜 세월 수행했음이 분명한 큰스님들이 있었다. 그런데 서로를 적대시하여 제자들에게 상대편 절은 쳐다보지도 말라고 엄격히 단속했다.

두 절에 있는 스님들에게는 시중 드는 소년인 시동이 있어서 이런저런 심부름을 했다. 첫 번째 절의 스님은 시동에게 항상 말했다.

"저쪽 절의 사람들과는 말도 섞지 말아라! 모두 위험한 인물들이다."

그러나 시동은 아이였다. 어느 날, 각 절의 시동들이 길에서 우연히 마주치게 되었다. 첫 번째 절의 시동이 말을 걸었다.

"너, 어디 가니?"

그러자 상대편 절의 시동이 대답했다.

"바람이 데리고 가는 곳이면 어디든지."

이 말을 한 시동은 분명히 선에 대해 들었음이 분명했다.

"바람이 데리고 가는 곳이면 어디든지."

크나큰 뜻이 담긴 말이요, 참된 도가 담긴 말이었다.

질문을 한 시동은 이 대답을 듣고는 당혹스러웠다. 마땅한 말이 생각나지 않아 화가 치솟았다. 속상하기도 하고 분노가 일어나기도 하면서 동시에 스님의 말씀을 거역한 것에 대한 죄책감도 들었다.

"아, 스승님께서는 이러한 사람들과 절대 이야기도 하지 말라고 하셨는데. 겪어보니 정말 위험하기 짝이 없구나. 그런데 과연 이러한 말에는 뭐라고 대답해야 하지?"

곧장 시동은 스승에게 달려가 조금 전에 있었던 일을 고했다.

"죄송합니다, 스승님. 제가 저쪽 절의 시동과 말을 하고 말았습니다. 스승님이 옳습니다. 아주 이상한 아이였습니다. 그런데 도대체 이러한 경우는 뭐라고 대답해야 합니까? 제가 어디를 가냐고 물었습니다. 그저 인사로 물었던 것입니다. 그 녀석이 시장에 가고 있는 것을 알고 있었으니까요. 저도 시장에 가던 중이었습니다. 그런데 이렇게 대답하는 것이 아니겠습니까? '바람이 데리고 가는 곳은 어디든.'"

이 말을 듣고 스승은 말했다.

"그토록 경고했건만, 내 말을 귀담아듣지 않았구나. 자, 명심해라! 내일 그 길에서 서 있다가 그 아이를 만나면 '어디 가니.'라고 똑같이 묻거라! 그 아이가 '바람이 데리고 가는 곳이면 어디든지.'라고 대답하면 너도 약간 철학적인 말을 하면 된다. '두 다리가 없다면 어떻게 할 건데?'라고 말해라! 영혼은 육체가 아니므로 바람은 영혼을 데리고 다닐 수 없느니라. '그럴 때는 어떻게 할 건데?'라고 묻거라!"

이 말을 듣고 시동은 철저히 준비했다. 밤새워 이 말을 외우고 또 외웠다. 그리고 다음 날이 되어 시동은 이른 아침부터 그 장소에 나가서 상대편 절의 시동을 기다렸다. 어제와 똑같은 시간에 상대편 시동이 걸어왔다. 시동은 신이 났다. 드디어 자신도 진짜 철학이 무엇인지 보여 줄 때가 된 것이다. 내심 뿌듯해하면서 물었다.

"너, 어디 가니?"

그리고 지난번과 같은 대답이 나오기를 기다렸다.

그러나 상대편 시동은 이렇게 대답했다.

"응, 시장에 채소 사러 가."

이럴 때, 시동이 밤새워 외운 철학이 무슨 소용이 있겠는가?

인생은 이러한 상황과 마찬가지이다. 삶에 어떠한 대비를 할 수 있겠는가? 어떠한 준비도 쓸모가 없다. 그렇기에 인생은 아름답고 경이롭다. 삶은 당신의 허를 찌르며 언제나 놀라움으로 다가온다. 모든 순간은 놀라움의 연속이기에 기존의 어떠한 해답도 불가능하다. 이 점을 잘 인식해야 한다.

지성의 길

지성이란 생생히 살아 있는 것이요, 자연스럽게 솟아나는 것이다. 지성이란 마음의 문을 여는 것이요, 어린아이처럼 순수하게 모든 것을 받아들이는 자세이다. 지성은 모든 일에 공정하게 대하는 것이요, 결론과는 상관없이 행동하는 용기 있는 자세이다. 결과는 상관없이 행동하는 것이 어째서 용기 있는 태도일까? 어떠한 결론을 바라고 행동할 때 당신은 결론에 안주할 수 있다. 그렇기에 결론과는 상관없이 하는 행동은 용기 있는 사람의 자세이다. 결론은 당신을 안심시키고 위안을 준다. 결과를 미리 알면 어떠한 행동이 효과적일지 알 수 있다. 그러나 결론과는 상관없이 행동한다는 것은 아무것도 모르는 상태로 일을 한다는 것을 뜻한다. 그때 항상 불안한 마음이 든다. 잘못된 길로 들어설 수도 있고 길을 잃을 수도 있기 때문이다.

 그러나 진리의 길로 탐험을 시작할 때 기꺼이 모든 실수를 받아들일 준비를 해야 한다. 모든 위험을 감수해야 한다. 길을 잃는다는 것도 진리에 이르는 하나의 방법이 된다. 수없이 길을 잃어버렸을 때 바로 찾아가는 방법을 터득할 수 있다. 실수를 많이 해 보아야 무엇이 잘못된 것인지 알 수 있다. 또한 어떻게 하면 실수를 하지 않을지 알 수 있다. 무엇이 실수인지를 알아야 진리에 더 가까이 다가갈 수 있는 것이다. 그런데 이것은 개개인이 겪어야 하는 탐험이다. 다른 사람들의 결론에는 절대 의지할 수가 없다.

 당신은 마음 없이 태어났다. 이 사실을 가슴 깊이 새기도록 해라! 이 사실을 깨닫는다면 당신 앞에 문이 하나 열릴 것이다. 당신은 애초에 마음 없이 태어났다. 마음이란 사회적인 산물이다. 마음은 전혀 본질적이지 않다. 오히려 외부로부터 배양된 것이다. 마음은 당신이라는 존재 위에 덧씌워진 것이다. 내면으로 깊이 들어가면 당신은 자유로운 존재이다. 마음으로부터 자유로워질 수 있다. 본성에서 벗어나는 것은 불가능하다. 그러나 인위적인 것은 언제든지 벗어던질 수 있다.

 존재는 생각에 선행한다. 그러므로 존재는 마음과는 별개이다. 존재는 마음의 차원을 뛰어넘는다. 생각하지 않고 있는 그대로 존재하는 것, 바로 이것이 근원에 이르는 길이다. 과학, 철학, 신학은 생각의 대상이다. 그러나 종교성은 생각과 어떠한 연관성도 없다. 종교는 무심無心의 길이다. 무심의 길은 본질적인 것으로, 우리가 실재에 근접할 수 있도록 돕는다. 무심의 길에는 어떠한 장애물도 없다. 당신은 삶의 강줄기와 자연스럽게 어우러진다. 이러한 경우에 자신이 분리된 존재라고 여겨지지 않는다. 따로 떨어진 방관자가 아니다. 이제 당신은 삶의 강물 속으로 들어가 강과 하나가 되어 흐른다.

이 사실을 깨닫는 것은 일반적인 '앎'과는 다르다. '지식'과는 다른 차원의 것이다. 지식이라기보다는 사랑에 더 가깝다. 삶의 강과 하나가 되었기에, 이런 앎은 나라는 존재와 하나가 된다. 이러한 앎을 지식이라고 할 수는 없다. 지식이라는 단어로는 그 의미를 충분히 담지 못한다. 사랑이라는 단어가 더 적절하다.

인간이 걸어온 의식 세계의 발자취를 살펴보면, 첫 번째로 개발된 영역이 마술의 세계이다. 마술이란 과학과 종교의 결합물이다. 마술은 마음과도 무심과도 연관이 있다. 마술에서 한 단계 발전한 것이 철학이고, 철학에서 파생된 것이 과학이다. 마술은 마음의 상태인 동시에 마음이 없는 상태이다. 철학을 살펴보면 철학은 마음에만 관여한다. 그리고 마음과 실험을 연구하는 것은 과학의 영역이다. 그러나 종교성은 철저히 무심의 상태를 가리킨다.

실재로의 두 가지 접근 방식이 있다. 종교성과 과학이 바로 그것이다. 과학이 부차적인 것을 통해 접근한다면 종교성은 직접적인 방식으로 접근한다. 과학이 간접적인 방식을 택한다면 종교성은 직통이다. 과학은 이곳저곳을 돌아서 가지만, 종교는 실재의 한복판으로 관통하여 들어간다.

몇 가지를 더 말해 보자. 인간의 사고思考는 이미 알고 있는 세계를 생각하는 것이다. 예를 들어, 소화가 잘되도록 씹어 놓은 것을 한 번 더 씹는 것이다. 인간의 머리로부터 나온 것 중에서 독창적인 것은 하나도 없다. 어떻게 미지의 것에 대해 생각할 수 있겠는가? 무슨 생각을 품든지 모든 것은 기존 것에 관한 생각들이다. 어떠한 것에 대해 알고 있을 때라야 그것을 생각할 수 있다. 기껏 창의적이라고 해보았자 기존 것을 새로 합친 것뿐이다. 하늘을 날고 있는 황금 말에 대해 생각한다고 하자. 하늘을 나는 새에 대해 이미 알고 있지 않은가? 금이 무엇인지 알고 말에 대해서도 알고 있다. 세 가지를 합친 것에 불과하다. 이렇듯 생각이란 아무리 용을 써도 기존 것을 새롭게 짜 맞춘 것일 뿐이다. 미지의 세계에 대해서는 전혀 생각조차 할 수 없다. 미지의 세계는 우리의 사고를 초월한다. 생각은 똑같은 원점을 도는 것이요, 이미 알고 있는 것을 다시 알게 되는 것일 뿐이다. 누군가의 입속에 들어갔던 것을 한 번 더 씹는 것과 같다. 어떠한 생각도 독창적이지 않다.

중재자의 도움 없이 독창적이면서 근원적으로 진리의 세계에 들어설 때, 당신은 비로소 자유로운 존재가 된다. 진리의 세계에서 당신은 항상 처음이자 마지막 사람이 된다. 이럴 때 당신은 자유롭다. 진리의 절대적인 새로움이 당신을 구원한다.

진리는 믿음이 아니라 경험에서 비롯된다. 진리는 연구한다고 알 수 있는 것이 아니다. 진리는 당신이 직접 대면하고 부딪쳐봐야 한다. 사랑에 대해 열심히 연구하는 사람이 있다고 하자. 그는 마치 지도를 보면서 히말라야를 공부하는 사람과 같다. 지도는 지도일 뿐, 절대 산이 아니다. 지도를 믿기 시작할 때 산이라는 본질을 놓치게 된다. 지도를 믿다 못해 아예 사로잡히면 아무리 바로 눈앞에 산이 보여도 그것이 산인지 깨닫지 못한다.

진리를 깨닫는 것도 마찬가지이다. 진리라는 산이 앞에 있어도 시선은 온통 여러 장의 지도에만 쏠려 있다. 똑같은 산을 놓고 탐험가들은 각자 다른 지도를 그린다. 당신은 이러한 몇 장의 지도에 사로잡혀 있다. 한 탐험가는 북쪽 능선을 타고 산에 올라갔다. 다른 탐험가는 동쪽에서 올라갔다. 산은 똑같지만 보는 시각은 다르기에 지도는 여러 장이다. 코란과 성서와 기타Gita, 바가바드 기타의 약칭. 힌두교의 3대 경전 중의 하나_역주가 그렇다. 지도는 여러 장이지만 진리는 단 한 가지이다. 그런데 당신의 눈은 온통 지도에만 꽂혀 있다. 지도에 압도당하고 있다. 그럴 때, 당신은 한 발짝도 내딛지 못한다. 바로 앞에 산이 보이는데 그것을 보지 못하고 있다. 산봉우리에 첫눈이 쌓여 아침 햇살 아래 황금처럼 빛나는데, 그 햇살을 볼 수 있는 영혼의 눈이 없는 것이다.

편견에 사로잡힌 사람은 시각 장애인과 다름없다. 결론을 염려하면 그 사람의 마음은 죽은 것과 마찬가지이다. 너무 일찍 가정하고 결론을 내리면 당신의 지성은 모든 예리함과 아름다움과 강렬함을 잊고 지성은 점점 둔해진다.

둔해진 지성은 이른바 지식 계층의 특징이다. 지식 계층들은 절대 지성적인 사람들이 아니다. 그저 지식을 갖추었을 뿐이다. 그들은 살아 있지만 죽은 사람과 다름없다. 온갖 지식으로 썩은 육체를 장식하고 있을 뿐이다. 아무리 진주, 다이아몬드, 에메랄드 등의 보석으로 장식한다고 해도 시체는 시체이다.

생명이 있다는 사실은 완전히 다른 문제이다.

과학은 정확성을 추구한다. 과학은 어떠한 사실에 대해 완벽하게 알기를 원한다. 그런데 어떠한 사실에 대해 확실하게 알게 되면 모든 신비로움은 사라진다. 명료하게 알면 알수록 신비로움은 점점 증발한다. 신비로움을 느끼는 것은 무엇인가가 모호하다는 뜻이다. 신비로움을 느끼기 위해서는 명확하면 안 되고 불분명해야 한다. 과학이 사실에 입각한다면 신비로움은 사실보다는 실존에 가깝다.

사실Fact은 존재의 일부분이다. 그것도 아주 작은 일부분이다. 이렇게 과학은 작은 부분만을 다룬다. 전체가 아닌 부분을 다루면 더 쉽기 때문이다. 연구 분야를 세분화할수록 더 쉽게 분석할 수 있다. 연구자의 역량에 맞게 분야를 세분화할 때 더욱 명확히 분석할 수 있고 분류할 수 있다. 이때 연구 대상의 질, 양, 앞으로의 가망성에 대해 확신할 수 있다. 그러나 이러한 과정에서 신비로움은 파괴된다. 과학은 신비로움을 파괴하는 주범이다.

신비의 세계를 경험하고 싶다면 다른 문을 통해 그 세계로 들어가야 한다. 과학은 완전히 다른 문이다. 과학의 세계는 마음에 속한다. 그러나 명상은 기적의 세계요, 불가사의의 차원에 속한다.

명상은 그 무엇도 정의하지 않는다. 명상은 당신을 미지의 세계, 미답未踏의 세계로 인도한다. 명상을 하게 되면 관찰자와 관찰 대상의 경계가 모호해진다. 과학에서는 이러한 경우가 절대 없다. 관찰자는 관찰자이고 대상은 대상이다. 과학에서는 모든 것을 칼로 자른 듯이 정확히 구별한다. 과학자는 자신이 과학자라는 사실을 한순간도 잊어서는 안 된다. 항상 연구 대상에 몰입하고 지배해야 한다. 연구 대상과 어느 정도 거리를 두고 냉정함을 유지해야 한다. 어떠한 감정도 개입하지 않도록 철저히 냉정해야 한다. 이러한 냉정함이야말로 신비로움을 말라 죽게 한다.

신비의 세계를 경험하고 싶다면 당신 내면의 새로운 문을 열어야 한다. 과학자가 되지 말라는 뜻이 아니다. 과학이 생활의 중심이 아닌 주변으로 머물게 하라는 뜻이다. 실험실에 들어가서는 과학자가 되고 실험실 밖에서는 과학에 대한 모든 것을 잊어라! 새가 지저귀는 소리에 귀를 기울일 때 과학적인 방식으로 분석하지 말아라! 들판에 피어 있는 아름다운 꽃을 과학적인 눈으로 바라보지 말아라! 한 송이 장미꽃을 과학적인 눈으로 들여다보는 순간, 꽃은 완전히 다른 물체가 된다. 똑같은 장미꽃이지만 시인의 눈으로 볼 때와는 전혀 다른 물체로 변한다.

경험은 사물에 따라 달라지는 것은 아니다. 무엇을 경험하느냐는 어떠한 사람이 어떠한 입장에서 어떠한 마음으로 느끼느냐에 달려 있다.

한 송이 꽃을 볼 때, 꽃 자체가 되어라! 꽃 주위를 돌면서 춤을 추고 노래해라! 한 줄기 시원한 바람이 상쾌하게 불어오고 햇살은 매우 따스하다. 꽃들은 절정의 아름다움을 뽐내고 있다. 꽃들은 바람의 가락에 맞추어 춤을 춘다. 꽃들은 기뻐하며 즐겁게 노래를 부른다. 할렐루야 찬양을 부른다. 당신도 여기에 동참해라! 냉철한 마음과 객관적인 판단 기준을 버려라! 과학에 입각한 태도를 모두 내려놓아라! 딱딱하게 굳은 마음을 서서히 부드럽게 녹여 어디에든지 스며들도록 만들어라! 꽃들이 당신의 가슴에 이야기하도록 만들어라! 꽃들이 당신의 존재 속으로 들어오도록 만들어라! 꽃들은 당신 가슴의 손님으로 초대해라! 이렇게 했을 때 신비로움이 무엇인지 알게 될 것이다. 감미로움도 맛보게 될 것이다.

이것이 신비의 세계로 들어가는 첫 단계이다. 이렇게 잠깐이라도 참여하면 이미 당신은 비결을 알고 있는 셈이다. 궁극적인 곳까지 나아가는 비결을 아는 것이다. 당신의 모든 행위와 하나가 되어라! 걸음을 걸을 때 기계적으로 걷지 말아라! 걷는다는 생각은 하지 말고, 걸음 그 자체가 되어라! 춤을 출 때도 마찬가지이다. 춤을 기교적으로 추려고 하지 말아라! 기교를 부리면 춤 자체가 될 수 없다. 기술적으로는 그 동작이 옳을지 몰라도 춤이 가져다주는 모든 즐거움을 놓친다. 춤 속에 당신을 몰입시켜서 춤을 추고 있다는 생각을 버린 채 춤 그 자체가 되어라!

당신은 인생의 많은 부분에서 이러한 하나 됨을 경험할 것이다. 에고가 사라지고 오직 무無만 남아있음을 경험하게 될 것이다. 아주 멋진 경험이 아닐 수 없다. 그저 꽃이 거기에 있을 뿐으로 당신은 이제 존재하지 않는다. 그저 무지개가 저쪽에 떠 있을 뿐으로 당신은 없다. 하늘에 뭉게구름이 피어오른다. 당신의 안과 밖에 구름은 존재하지만, 당신은 없다. 오직 절대 침묵만이 있을 뿐이다. 당신의 내면에 아무도 들어와 있지 않다. 태고太古의 순수한 침묵만이 있다. 어떠한 논리, 사고, 감성, 감정으로도 흐트러지지 않는 깊은 침묵이다. 바로 이때가 명상의 순간이다. 마음은 사라졌다. 마음이 사라지고 남은 자리에 신비로움이 들어온다.

신뢰의 길

지성의 가장 위대한 경지가 바로 신뢰이다. 어째서 사람들에게는 신뢰가 없을까? 그것은 사람들이 그들의 지성을 신뢰하지 못하기 때문이다. 사람들은 혹여 사기나 당하지 않을까 두려워한다. 두려움 때문에 사람들은 의심한다. 의심은 두려움에서 비롯된다. 자신의 지성에 대한 확신이 없을 때 의심이 생긴다. 자신이 없어서 신뢰하지 못하는 것이다. 신뢰를 내 것으로 만들기 위해서는 지성, 용기, 존재의 통합이 필요하다. 그리고 고결한 가슴도 필요하다. 신뢰의 길로 들어설 충분한 지성을 갖추지 못했다면 당신은 자신을 보호하기 위한 의심이라는 울타리를 칠 것이다.

당신이 지성을 갖추었다면 언제든지 기꺼이 미지의 세계 안으로 뛰어들 준비가 되어 있는 셈이다. 기존의 세계를 떠나 미지의 세계 안으로 들어가서도 얼마든지 살 수 있음을 당신 스스로 잘 알고 있다. 미지의 세계에서 집을 지을 능력이 충분히 있는 것이다. 당신이 자신의 지성을 신뢰하기 때문이다. 의심이 가득하면 항상 경계를 놓지 않는다. 그러나 지성으로 충만할 때는 항상 내면의 문을 활짝 열어 놓는다. "무슨 일이 일어나도 적절하게 대응할 자신 있어! 모험을 감수할 능력이 나에게는 있지."라는 확고한 믿음은 지성을 통해 생긴다. 그러나 대중 속으로 숨으려는 사람은 신뢰라는 것을 하지 못한다. 지식만 있고 지성은 없는 사람이기 때문이다.

앎이 없는 상태에서 있는 것, 이것이 지성이자 자각이다. 과거로부터 축적된 것이 아니다. 모든 순간은 흔적도 남기지 않고 사라진다. 실존의 자취를 남기지 않고 사라져 버린다. 이럴 때 우리는 다시 순수하게 정화되어 모든 순간 속으로 진입한다. 마치 다시 어린아이로 되돌아가는 것과 마찬가지이다.

인생을 이해하려고 애쓰지 말고 인생을 살아라! 사랑을 애써 이해하려고 들지 말아라! 사랑 안으로 들어가라! 그럴 때 비로소 앎이 생긴다. 앎은 경험으로부터 나온다. 앎은 신비의 세계를 파괴하지 않는다. 많이 알면 알수록 신비로움은 더욱 깊어진다.

인생을 풀어야 할 문제로 보지 말아라! 인생을 하나의 문제로 보는 것은 잘못된 시각이다. 인생은 우리가 살고, 사랑하고, 아울러 경험해야 하는 하나의 신비로움이다.

마음은 신비로움을 두려워하기 때문에 항상 설명을 요구한다. 두려워하기 때문에 모든 일에 설명을 원한다. 설명을 듣고 나서야 비로소 낯선 세계가 친숙하게 보이기 시작한다. 낯선 곳으로 들어갈 때는 먼저 지리를 알아보고 들어간다. 지도와 안내 책자, 시간표를 모두 손에 쥐고 들어선다. 이러한 사람은 지도와 안내원 없이는 미지의 땅, 미답의 영역으로 들어설 엄두조차 내지 못한다. 그러나 인생은 지도에 없는 미지의 세계이다. 설령 지도가 있다고 해도 인생은 계속 바뀌기에 그 어떠한 지도도 소용이 없다. 모든 순간 인생은 지금이다. 태양 아래 옛것은 없다. 내가 분명히 말한다. 인생의 모든 것은 새것이다. 인생은 철저하게 역동적이다. 그 자체가 완전한 움직임이다. 인생이 끝없이 바뀐다는 것만이 영구적인 사실이다. 바뀐다는 사실만은 절대로 변하지 않는다.

이처럼 인생의 모든 것이 계속 바뀌는데 지도가 무슨 소용이 있다는 말인가! 지도가 완성될 무렵이면 벌써 유효기간이 지났다. 지도를 손에 넣을 때면 이미 이용 가치가 없다. 인생은 벌써 행로를 바꾸고 있다. 새로운 게임을 시작하고 있다. 어떠한 것으로도 측정을 할 수 없기에 어떠한 지도로도 인생을 담을 수 없다. 정지된 것에만 안내 책자가 쓸모 있기에 아무리 훌륭한 안내서라도 인생을 바르게 설명하지 못한다. 삶이란 멈춰 있는 것이 아니다. 삶이란 역동적인 동시에 과정의 연속이다. 삶의 지도는 아무 데도 없다. 측정 자체가 불가능한 신비로운 현상이 바로 우리의 인생이다. 그러므로 다른 누군가가 인생을 설명해 주기를 바라지 말아라!

성숙한 마음은 이런 특징이 있기에 아무런 의구심도 품지 않고 인생을 주목하는 사람, 인생을 겁내지 않고 삶 속으로 당당히 뛰어드는 사람이 성숙한 마음의 소유자라고 할 수 있다.

전 세계는 가짜 종교인들로 차고 넘친다. 교회며 절, 시크교 신전, 이슬람 사원 등, 모두 종교인들로 가득하다. 그런데 세상은 완전히 반反종교적인 흐름으로 돌아간다. 이것은 어찌 된 일인가? 수많은 종교인으로 가득 찬 이 세상이 반종교적이라니, 이해되지 않은 이러한 현상을 어떻게 설명한 것인가? '한 사람 한 사람은 종교적이되, 전체는 반종교적이다.'라고 하는 종교는 거짓이다. 사람들의 믿음은 '인공적으로 주입된' 신뢰일 뿐이다. 인간의 권리는 철저히 무시되었다.

그러므로 맹목적으로 믿음을 갖지 말아라! 신뢰할 수 없다면 차라리 의심하는 것이 더 낫다. 의심을 통해 언젠가는 신뢰가 싹틀 것이기 때문이다. 영원히 의심만으로는 삶을 살아갈 수 없는 법이다. 의심이란 질병과 비슷하다. 의심하면 어떠한 충족감도 느끼지 못하고 항상 마음 졸이며 살게 된다. 언제나 고통으로 괴로워하고 자신감이 없어진다. 악몽 속에서 사는 것과 마찬가지이다. 그래서 언젠가 의심을 극복하는 방법을 찾아 나서게 된다. 따라서 사이비 유신론자가 되느니, 차라리 무신론자로 남는 선택이 더욱 유익하다.

당신은 어릴 때부터 믿음을 가져야 한다고 주입받았다. 신을 믿어야 하고, 영혼을 믿어야 하고, 이것저것을 믿어야 한다고 배웠다. 모든 사람의 마음은 온갖 믿음으로 가득 차 있다. 믿음이 아무리 깊이 박혀 뼈가 되고 살이 되어도 결국은 믿음으로만 남을 뿐이다. 당신이 믿음의 실체를 알지 못하면 믿음의 구속에서 벗어날 수 없다. 스스로 알고 체험할 때만 당신은 구원받을 수 있다. 모든 믿음은 다른 이로부터 빌려온 것들이다. 믿음은 다른 누군가가 당신에게 심어 준 것이지, 당신의 내면에서 우러나와 피운 꽃이 아니다. 남에게서 빌려온 것이 어떻게 당신을 진리의 세계로 인도할 수 있겠는가? 다른 사람들에게서 받은 모든 것을 내던져라! 훔친 금덩이로 부자가 되느니 차라리 거지가 되는 편이 낫다. 남에게 빌려온 것으로, 또는 세습이나 유산으로 부자가 되느니 가난뱅이가 더 낫다. 그렇다. 자신의 것을 가지지 않을 바에야 차라리 거지가 낫다. 진실하기만 한다면 이러한 가난함 속에 오히려 부유함이 있다. 반면에 당신의 믿음은 겉으로는 부유한 듯하지만 속은 가난하기 짝이 없다. 이러한 믿음에 깊이가 있을 리 없다. 한 꺼풀만 벗기면 불신이 그 모습을 드러낸다.

당신은 신을 믿는다. 그런데 사업에 실패하면 그 즉시 불신이 당신을 지배한다. 당신은 "나는 이제 안 믿어. 신을 믿을 수가 없어."라고 말한다. 신을 믿는다고 하면서 사랑하는 사람이 죽기라도 하면 그 즉시 불신이 고개를 든다. 사랑하는 사람이 죽는다고 해서 신에 대한 믿음이 왜 사라지는가? 이것은 당신의 믿음이 그만큼의 가치밖에 없기 때문이다. 이와 달리 신뢰는 절대 사라질 수 없다. 한번 신뢰가 쌓이면 절대 어떠한 것도 파괴하지 못한다. 이 세상의 그 어떠한 것도 신뢰를 흔들 수는 없다.

그러므로 명심해라! 신뢰와 믿음에는 이처럼 엄청난 차이가 있다. 신뢰는 개인에게서 나온 것이고, 믿음은 사회에서 만들어진 것이다. 당신은 신뢰를 키워나갈 수 있다. 그러나 믿음은 당신 안에 남겨진 껍데기에 불과하다. 당신이 어떤 사람이든 상관없이 믿음은 당신에게 씌워진 거죽이다. 이제 모든 믿음을 벗어던져라! 그런데 믿음을 벗어던질 때 두려움이 생긴다. 믿음을 버리면 온갖 의심이 솟아오르기 때문에 그렇다. 믿음은 의심하는 마음을 억눌러 어딘가로 감추는 것일 뿐, 사라지게 만들 수는 없다. 그러므로 의심하는 마음이 생긴다고 걱정하지 말아라! 의심이 생기도록 그냥 두어라! 태양이 뜨기 위해서는 어두운 밤을 거쳐야만 한다. 우리는 의심을 거쳐 가야만 한다. 우리의 여정은 길고 밤은 암흑으로 뒤덮여있다. 그러나 긴 여정과 암흑의 밤이 지나면 붉게 솟아오르는 찬란한 태양을 만들 수 있다. 그때서야 당신은 모든 여정과 암흑이 모두 그만한 가치가 있었음을 깨닫게 된다. 신뢰는 '인공적으로 배양'될 수 없다. 절대 신뢰를 인공적으로 배가시키려고 시도하지 말아라! 인공적으로 배양된 신뢰는 믿음으로 변해 버린다. 당신의 내면에서 신뢰를 찾아야지 배양을 해서는 안 된다. 당신의 내면 안으로 깊이 파고 들어가라! 당신이라는 존재의 근원까지 파고 들어가라! 그리고 그곳에서 신뢰를 발견해라!

미지의 세계 안으로 들어가기 위해서는 존재 세계에 대한 신뢰가 필요하다. 미지의 세계를 탐구할 때는 신뢰가 반드시 있어야 한다. 당신이 관습과 전통, 그리고 군중들에게서 벗어나 미지의 세계 안으로 들어가기 위해서는 대단한 신뢰와 용기가 있어야만 한다. 미지의 세계 안에 무엇이 있을지는 아무도 모른다.

당신 안에 아직 신뢰가 없다면 나는 당신을 이러한 탐험으로 내보낼 수 없다. 앞뒤 조리가 안 맞는 말로 들릴 수 있겠지만 어찌하겠는가? 인생이 이러한 것을. 크나큰 신뢰를 갖춘 사람만이 많이 의심할 수 있고, 또 많이 탐구할 수 있는 법이다.

신뢰를 덜 갖춘 사람은 의심도 조금만 할 수 있다. 아예 신뢰가 없는 사람은 그저 의심하는 시늉만 하므로 깊이 탐구할 수가 없다.

신뢰를 덜 갖춘 사람은 의심도 조금밖에 못 한다. 아예 신뢰가 없는 사람은 그저 의심하는 시늉만 한다. 그러므로 깊이 탐구할 수 없다. 그 깊이는 오직 신뢰를 통해서만 만들어진다. 그리고 이것은 위험을 동반한다. 그러므로 당신을 망망대해로 내보내기 전에 당신 혼자 떠날 이 기약 없는 여행을 위해 당신을 준비시켜야만 한다. 그러나 내가 할 일은 당신을 배가 있는 곳까지 데리고 가는 것뿐이다. 먼저 당신은 신뢰가 얼마나 아름다운지에 대해, 가슴으로 향하는 길이 얼마나 황홀한지에 대해 알아야 한다. 그리고 나서야 현실이라는 거대한 바다로 나아갈 수 있는 용기를 얻게 된다. 어떠한 일이 벌어지든 당신 안에는 이미 충분한 신뢰가 갖추어져 있다.

그러나 만약 당신이 자신을 신뢰하지 못한다면 어떻게 다른 사람이나 다른 사물을 신뢰할 수 있겠는가? 자신에 대해서 의심하는데 신뢰가 어떻게 나오겠는가? 신뢰하는 주체는 당신 자신이다. 자신을 믿지 못하겠다면 어떻게 당신의 신뢰를 신임할 수 있겠는가? 그러므로 가슴을 열고 지능을 지성으로 변화시키는 것이 절대적으로 필요하다. 지능과 지성은 별개의 것이다.

지성은 가슴과 조화된 지능을 가리킨다. 가슴은 어떠한 방법으로 신뢰를 해야 하는지 알고 있다. 또 지능은 어떻게 탐구하고 찾아야 하는지 알고 있다. 동양의 옛이야기를 들어보자.

어느 마을 언저리에 거지 두 명이 살고 있었다. 한 명은 눈이 멀었고 다른 한 명은 두 다리가 없었다. 어느 날, 인근 숲에 불이 났다. 이 두 거지는 같은 동네 사람들에게 구걸했기에 당연히 경쟁 관계였다. 서로 으르렁거리는 적일 뿐 친구는 아니었다.

같은 직업을 가진 사람들은 친구가 될 수 없다. 고객을 놓고 경쟁해야 하기에 친구가 되기란 어렵다. 상대방의 고객을 끌고 와야 하기 때문이다. 거지들은 자신의 고객들을 분류하고 관리한다.

"이 사람은 내 손님이란 말이야. 명심해. 그를 귀찮게 하면 안 돼."

어느 거지가 당신을 소유했는지 당신은 알 수 없지만, 당신이 다니는 거리의 한 거지가 분명 당신을 점찍어 놓았다. 그 거지는 당신을 놓고 싸워서 이겨 당신의 소유자가 된 것이다.

나는 대학교 근처에서 구걸하는 한 거지를 알고 있었다. 어느 날 시장에서 그 거지를 보았다. 그는 대학교 근처에서 늘 구걸을 했었는데,

젊은 사람일수록 적선에 관대하기 때문이었다. 나이가 들수록 더 인색해지고 두려움만 더 생기는 법이다. 죽음이 가까이 왔기에 오직 돈에만 의지한다. 노인에게 돈이 있어야지만 사람들은 노인들을 돕는다. 만약 노인에게 한 푼도 없다면 아들딸 다 소용없다. 그러나 젊은 이들은 돈에 헤프다. 젊기에 언제든 돈을 벌 수 있다. 그들에게 아직도 인생은 창창하다.

그는 부유한 거지였다. 인도에서 대학생이 된다는 것은 어느 정도 부유한 집안 출신이라는 뜻이다. 가난한 집안 자식들이 대학에 들어가면 온갖 고생을 한다. 가난해도 대학에 올 수는 있지만, 소수에 불과하고 그들에게 대학 생활은 고통과 시련의 연속이다. 나 또한 가난한 집안에서 태어났다. 밤에는 신문사에서 교정을 보고 낮에는 대학에 다녔다. 수년간 서너 시간 이상을 자 본 적이 없었다. 그것도 낮이건 밤이건 짬이 날 때마다 눈을 붙인 시간을 합해서다.

부유한 대학생들이 주요 고개인 이 거지는 그 권력이 막강했다. 다른 거지는 이 대학가에 얼씬거리지도 못했다. 아예 출입 자체가 금지되었다. 모든 사람은 이 대학교가 누구의 소유인지를 알았다. 바로 그 거지의 것이었다. 어느 날 늙은 거지 대신에 젊은 거지가 거리에 나타났다. 나는 그에게 물었다.

"무슨 일이 있소? 그 늙은 거지는 어디 갔소?"

그가 말했다.

"그는 내 장인이오. 이 대학을 나에게 물려 주었다오."

소유주가 바뀐 것을 학교는 몰랐던 것이었다. 이제 이 사람이 대학교의 새로운 소유주가 되었다. 젊은 거지는 말했다.

"내가 그의 딸과 결혼했다오."

인도에서는 딸을 시집보낼 때 지참금을 함께 보낸다. 결혼을 하게 되면 딸만 얻는 것이 아니다. 만일 장인이 부자일 경우는 자동차, 집 등을 함께 받는다. 장인이 부자가 아닐 경우는 적어도 오토바이 정도는 받는다. 그런 형편조차 안 되는 경우는 자전거를 받는다. 그리고 라디오나 텔레비전 같은 전자제품과 현금을 따로 받는다. 처가가 정말 부자라면 더 공부를 할 수 있도록 외국으로 유학을 보내 의사나 공학도가 되도록 만든다. 이 모든 것을 처가에서 지원한다.

젊은이는 거지의 딸과 결혼하여 지참금으로 대학교 전체를 받았다. 그는 말했다.

"오늘부터 이 거리와 이 대학교는 나의 소유요. 그리고 장인어른께서는 이미 내 고객이 누구인지 다 보여 주었다오."

나는 그 늙은 거지를 시장에서 만났다.

"훌륭하오. 지참금을 아주 잘 주었더군요."

"맞소. 자식이라고는 딸밖에 없어서 사위에게 무엇인가를 주고 싶었다오. 그래서 구걸하기 가장 좋은 장소를 그에게 물려주었소. 이제 나는 다시 이곳에서 시작하려고 하오. 이 일은 만만치 않은 작업이오. 이곳에는 거지들이 너무 많고, 선배 거지들이 이미 고객을 모두 확보하고 있거든요. 하지만 걱정은 하지 않소. 나는 능력이 있거든요. 벌써 몇 명의 거지를 쫓아 보냈다오."

그리고 결국 그 거지는 해내고 말았다.

다시 불난 숲의 거지 이야기로 돌아가 보자. 숲에 불이 나자, 두 거지는 잠시 생각을 했다. 그들은 서로 말도 하지 않는 적이었지만, 지금은 긴급 상황이었다. 장님 거지가 다리 없는 거지에게 말을 걸었다.

"탈출하는 유일한 방법은 자네가 내 어깨에 올라타는 것뿐이야. 자네는 내 다리를 이용하게. 나는 자네의 눈을 빌릴 테니. 이것이 우리 자신을 구하는 유일한 길일세."

이 얼마나 엄청난 깨달음인가! 이럴 때는 아무 문제도 생기지 않는다. 다리가 없으면 불길에서 빠져나갈 수가 없다. 숲을 가로질러 나가는 것이 불가능하다. 다리가 없어도 조금은 움직일 수 있겠지만 큰 도움은 안 된다. 아주 재빠르게 불길에서 탈출해야만 한다. 장님 역시 빠져나갈 수가 없다. 불이 어디에서 솟는지 길이 어디에 있는지 알 수가 없다. 불길이 휩싸인 쪽과 그렇지 않은 쪽을 분간할 수도 없다. 장님 거지는 결국 길을 잃을 것이다. 그러나 두 사람은 지성이 있는 거지들이었다. 서로에 대한 증오를 버리고 친구가 되었다. 이 판단이 그들의 생명을 구했다.

이 동양의 우화는 지능과 가슴의 관계를 보여 준다. 거지가 초점이 되는 이야기가 아니다. 바로 당신과 상관있는 이야기다. 불난 숲에 관한 이야기를 하는 것이 아니다. 당신의 일을 이야기하고 있다. 불길에 휩싸인 것은 당신이다. 매 순간 당신은 불길에 휩싸여 고통스러워한다. 항상 불행과 고뇌를 겪는다. 지능만 있고 가슴이 없으면 장님과 마찬가지이다. 지능은 빨리 달리고 앞으로 나갈 수 있는 다리만 갖고 있다. 하지만 지능은 눈이 멀었기에 어디로 갈지 정확한 방향을 모른다. 그래서 계속 비틀거리고 넘어지고 다친다. 그리고 삶이 무의미하다고 느낀다. 온 세계의 지식인들이 "인생은 무의미하다."라고 외치는 소리를 들어보아라!

지식인들에게 인생이 무의미한 이유는 무엇일까? 눈먼 지능이 빛을 보려고 안간힘을 쓰기 때문이다. 가슴이 없고 지능만 있으면 앞을 보는 것이 불가능하다.

보고 느끼는 것은 바로 가슴이다. 그러나 가슴은 다리가 없어서 뛸 수가 없다. 그저 그 자리에 남아 지능을 기다리고 있다. 언젠가 지능이 눈이 먼 것을 깨닫고 가슴의 눈을 사용해 주기를 안타까워하면서 기다리고 있을 뿐이다.

내가 신뢰라는 단어를 사용할 때, 신뢰는 '가슴의 눈'을 뜻한다.

그리고 내가 의심이라는 단어를 사용할 때, 의심은 '지능의 다리'를 뜻한다.

이 두 단어가 함께 있어야 불길에서 탈출할 수 있다. 전혀 문제가 될 것이 없다. 그러나 명심할 것은, 가슴이 어깨에 올라타도록 지능이 허락해야 한다. 반드시 그렇게 해야만 한다. 가슴은 다리가 없고 오직 눈만 있다. 지능은 가슴의 소리에 귀를 기울여 그 지시대로 따라야만 한다.

가슴의 지시를 들을 때 지능은 지성으로 변한다. 이것은 일종의 변화로, 에너지의 변화를 뜻한다. 이런 변화가 일어나는 사람은 지식인이 아닌 지혜로운 사람이 된다.

가슴과 지능이 만나면 지혜가 생긴다. 당신이 가슴과 지능을 동시에 같이 사용하는 기술을 배우기만 한다면, 당신은 모든 비밀을 아는 것이다. 모든 신비를 벗길 열쇠가 당신 손안에 있다.

순수의 길

진짜 문제는 용기가 있냐 없냐가 아니다. 진짜 문제는 기존 세계는 죽은 것이요, 미지의 세계는 생생히 살아 있다는 사실이다. 기존 세계를 고수하는 일은 시체에 매달려 있는 일과 마찬가지이다. 시체를 내려놓는 데에는 용기가 필요 없다. 시체에 매달려 있는 것만큼 용기가 필요한 일이 어디 또 있겠는가! 당신 자신을 들여다보아라! 시체에 매달려 있는 일은 당신에게 익숙한 일이 되어 버렸다. 지금껏 그렇게 살아왔다. 이런 삶이 당신에게 무엇을 주었는가? 당신이 이루어낸 일이 있는가? 여전히 공허하지 않은가? 넘쳐나는 불만, 절망, 무상함만이 당신 안에 가득하지 않은가? 그런데도 당신은 거짓말로 진실을 숨기려고 한다. 그리고 세상일에 계속 파묻혀 지내며 잊으려고만 한다.

당신이 지금까지 알고 있는 모든 일은 과거의 일, 지나간 일에 불과하다. 이 점을 분명하게 알아야 한다. 이것들은 묘지의 한 부분이다. 당신은 무덤 안에 있고 싶은가, 아니면 살아 움직이기를 원하는가? 이것은 단지 오늘의 문제만이 아니다. 내일도 이와 똑같은 문제가 발생하며 그다음 날도 마찬가지이다. 마지막 숨을 쉬는 순간까지 계속될 문제이다.

당신이 알고 축적한 모든 일, 그것이 지식, 학문, 경험이든 그것들과 관계를 끊어야 한다. 이런 무거운 짐을 계속 짊어지고 다닐 것인가? 이것들로 당신의 인생은 산산조각이 날 것이다. 이런 무거운 짐은 생동하고 기쁜 존재가 되는 데 걸림돌이 될 것이다. 당신이 매 순간 생생히 살아서 기쁨에 넘치는 사람이 되기를 존재 세계는 간절히 기다리고 있다.

이것을 이해하는 사람은 매 순간 과거에 죽고 미래에 다시 태어난다. 그의 현재는 항상 변화와 재생과 부활이 된다. 이것은 용기의 문제가 아니다. 첫 번째로 당신이 직면한 문제는 이것에 대한 이해이다. 본질이 무엇인지 명확하게 이해하는지에 관한 문제이다.

그리고 두 번째로, 용기라는 문제에 직면할 때 그 누구도 당신에게 용기를 부어줄 수 없다. 용기는 선물처럼 누군가로부터 받을 수 있는 것이 아니다. 용기는 태어날 때 가지고 나온 것이다. 그런데 당신은 용기의 씨앗이 자라도록 성장시키지 않았다. 용기는 가만히 놔두기만 해도 저절로 드러나는 것인데, 그것을 허용하지 않았다.

순진무구한 사람은 용기와 투명한 이해를 함께 갖춘 사람이다. 당신이 순진무구하다면 용기는 따로 필요 없다. 투명한 이해도 필요 없다. 순진무구함 속에 수정처럼 맑은 이해가 들어 있다. 이보다 더한 맑음이 어디 있다는 말인가? 이제 문제는 각자가 지닌 순진무구함을 어떻게 지키느냐에 있다.

순진무구함은 노력해서 성취할 수 있는 성질의 것이 아니다. 배울 수 있는 것도 아니다. 그림, 음악, 시, 조각과 같이 재능을 발휘할 수 있는 것도 아니다. 이런 것들과는 전혀 다르다. 순진무구함은 마치 호흡과도 같다. 당신이 태어날 때 가지고 나온 것이다.

모든 사람의 본성에는 순진무구함이 있다. 모든 사람은 순진무구하게 태어난다.

태어날 때 순진무구하지 않은 사람이 어디 있는가? 태어난다는 것은 백지상태로 세상에 진입하는 것이다. 당신은 어떠한 것도 쓰여 있지 않은 흰 종이와 같다. 오직 미래만 있을 뿐 과거는 없다. 이것이 순진무구의 뜻이다. 그러므로 당신은 우선 순진무구가 어떠한 것인지 바르게 이해해야 한다.

첫째, 순진무구는 미래이다. 과거는 없다.

과거는 온갖 기억, 경험, 기대의 축적이다. 과거는 고인 물, 썩은 물이다. 과거의 기억과 경험을 통해 교활해질 수 있겠지만, 투명한 이해를 갖출 수 없다. 과거의 것들 덕분에 당신은 교활해질 뿐, 지성적인 사람이 되지는 못한다. 세상에서 성공할지는 모르지만, 가장 깊은 내면에서 보면 당신은 실패자에 불과하다. 세상에서의 모든 성공은 부질없다. 결국은 이렇게 드러난다. 궁극적으로 남는 것은 오직 내적 자아밖에 없다. 모든 것은 사라져 버린다. 영광, 권력, 당신의 이름 석 자, 명성, 이 모든 것은 마치 그림자처럼 사라진다.

인생이 끝날 무렵에 남아있는 것은 당신이 태어날 때 가지고 나온 것들뿐이다. 이 세상에 들어올 때 가지고 온 것은 이 세상을 떠날 때도 가지고 갈 수 있다.

인도에는 지혜로운 말이 하나 있다. '세상은 기차역 대기실과 같다.'

대기실은 집이 아니라서 영원히 머무를 수가 없다. 의자, 그림 등 대기실의 물건 어느 것도 당신의 소유가 아니다. 물론 이용은 할 수 있다. 그림을 보거나 의자에 앉아서 쉴 수 있다. 그러나 당신의 것은 아니다. 몇 분 또는 길어야 몇 시간 동안 잠깐 머무르다가 떠나야 한다.

그렇다. 대기실에 가지고 들어온 것만 나갈 때 가지고 나갈 수 있다. 이것은 당신의 것이다. 당신은 이 세상에 무엇을 가지고 왔는가? 이 세상은 대기실이다.

몇 초, 몇 분, 몇 시간, 며칠이 아닌 수십 년을 지내야 하는 대기실이다. 그러나 7시간을 있든 70년을 있든 무슨 차이가 있는가?

70년 동안 대기실에 있다는 사실을 까맣게 잊을 수도 있다. 그래서 마치 당신이 모든 것의 소유주라고 생각하기 시작한다. 대기실이 당신의 집이라고 생각하여 명패를 건다.

여행하는 동안에 나는 이런 사람들을 많이 보아 왔다. 사람들은 대기실의 벽에 자신들의 이름을 적어 놓는다. 어떤 사람들은 대기실의 의자에 이름을 새긴다. 어리석은 짓이다. 그런데 세상 사람들은 이와 같은 어리석은 행동을 하고 있다.

자이나교의 고대 경전에는 의미심장한 이야기만 들어 있다. 어떤 사람이 온 세계를 통치하는 황제가 되면 그에게는 차크라 바르틴 Chakra vartin, 轉輪聖王(전륜 성왕):인도 신화에서 통치의 수레바퀴를 굴려 세계를 통일하고 지배하는 이상적인 제왕_역주이라는 존칭이 붙는다. 차크라 바르틴의 차크라Chakra는 '바퀴'라는 뜻이다. 고대 인도에는 불필요한 전쟁과 폭력을 피할 수 있는 한 가지 방법이 있었다. 이륜 전차가 한 왕국에서 다른 왕국으로 지나가는 것이었다. 힘세고 날렵한 명마가 끄는 이 전차는 황금으로 아름답게 치장되었다. 상대 왕국에서 이 전차를 저항 없이 받아들여 통과시킬 경우, 이것은 그 나라가 전차의 주인을 승리자로 받아들인다는 것을 뜻했다. 이렇게 전쟁 없이 분쟁이 해결되었다.

그런데 전차가 지나갈 때 사람들이 그 앞을 가로막는 경우는 전쟁을 뜻했다. 이와 반대로, 전차가 상대 왕국에서 아무 방해 없이 지나가는 경우는 전차를 보낸 왕이 상대 왕의 위에 존재한다는 뜻이다. 이럴 경우는 전쟁이 필요 없었다. 그리고 그 왕은 차크라 바르틴이 되었다. 그의 전차가 온 나라를 다녀도 아무도 가로막을 수 없었다. 차크라 바르틴이 되는 것이 모든 왕의 소망이었다.

차크라 바르틴이 되기 위해서는 분명 알렉산더 대왕보다 훨씬 더 막강한 힘이 필요하다. 전차를 보내는 것은 아무것도 아닌 일 같지만, 상상을 초월하는 권력이 필요하다. 전차를 보낼 때는 절대적인 확신이 있어야만 한다. 전차의 진로가 막히면 곧이어 대량 학살로 이어지기 때문이다. 전차를 보낸 사람의 정복욕이 강력하다면 그 어떠한 것도 그 정복욕을 꺾을 수 없는 법이다.

그러나 이것은 매우 상징적인 정복 방식이다. 그리고 매우 문명화된 방식이다. 공격할 필요도 죽일 필요도 없다. 상징적인 의미로 사자를 보내면 그뿐이다. 왕의 깃발을 매단 전차가 상대편 영토를 지나가면 그것으로 충분하다. 전쟁은 패배와 불필요한 폭력, 파괴를 뜻할 뿐이었기에 상대 왕은 저항해보았자 소용없다는 것을 알고 있다. 그리고 전차를 환영하며 맞이한다. 그리고 상대방 왕국의 수도 한복판에서 전차 위로 꽃들이 뿌려진다.

이 방식은 옛 소련과 미국 같은 현대 국가들이 사용하는 방식보다 훨씬 더 문명화되었다. 아름답게 장식된 전차를 보내면 되는 것이다. 이것은 당신이 자신의 힘에 절대적인 확신을 가진 것을 뜻한다. 그리고 사람들도 당신의 힘을 인정하고 있음을 뜻한다. 이런 경우에만 전차라는 상징은 효력을 발휘한다. 그렇기에 모든 왕은 언젠가는 반드시 차크라 바르틴이 될 수 있기를 소망했다.

지금부터 하는 이야기는 차크라 바르틴이 된 어떤 남자에 관한 이야기이다. 차크라 바르틴이 되는 것은 수천 년에 한 번 나올까 말까 한 일이다. 심지어 알렉산더 대왕도 세계를 정복할 수 없었다. 그는 모든 나라를 정복하지 못한 채 34살이라는 매우 젊은 나이에 세상을 떴다. 세계를 정복하기에는 충분하지 않은 나이였다. 정복에 대해 좀 더 설명하면, 고대 세계에는 미처 탐험하지 못한 영토가 많았다. 세상의 절반 정도는 미지의 땅이었고 알려진 세상은 나머지 절반에 불과했다. 그런데 그 절반마저 정복되지 않았다. 그런데 한 남자가 차크라 바르틴이 된 것이었다. 전해져 내려오는 이야기에 따르면, 차크라 바르틴이 죽으면 천국에서 대대적인 환영을 받고 특별한 자리를 배정받는다고 한다. 차크라 바르틴은 수천 년에 한 번 나오는 아주 진귀한 인물이기 때문이었다.

자이나교 신화에 따르면 천국에는 히말라야와 비슷한 산이 하나 있다. 히말라야는 바위, 흙, 얼음으로만 이루어졌다. 하늘나라의 히말라야라고 칭할 만한 이 산의 이름은 수미산Sumeru, 고대 인도의 우주관에서 세계의 중심에 있다는 상상의 산_역주이었다. 수미산은 최후의 산을 뜻했다. 어떤 산도 이보다 높을 수는 없으며 이보다 더 좋을 수도 없었다. 이 산은 금으로 만들어졌으며, 다이아몬드, 루비, 에메랄드가 바위처럼 굴러다녔다.

그 차크라 바르틴은 죽어서 천국에 가자 수미산으로 인도되었다. 그리고 그 산에 이름이 새겨지는 영광을 얻었다. 이것은 아주 드문 경우였다. 수천 년에 한 번꼴로 찾아오는 기회였다. 그래서 수미산에 이름을 새긴다는 사실에 황제는 매우 흥분되었다. 수미산은 모든 위인이 자취를 남기는 최후의 명부였으며 앞으로도 계속 그럴 것이었기 때문이다. 이제 이 황제는 초인의 족보에 그 이름을 남기는 것이다.

산지기가 그에게 다가와 이름을 새길 여러 가지 도구를 가져다주었다. 황제는 그가 생전에 거느린 몇 명의 사람들을 산 앞에 데려오고 싶어 했다. 황제가 죽자, 그 수하에 있는 사람들은 저마다 스스로 목숨을 끊어 천국에 왔다. 그들은 황제가 없는 세상을 살고 싶지 않았다. 부인, 수상, 총사령관을 비롯하여 황제 아래에 있던 모든 훌륭한 사람들은 황제와 함께 있기 위해 모두 목숨을 끊었다.

황제는 이름 새기는 것을 부하들이 볼 수 있도록 산지기가 허락해 주기를 바랐다. 아무도 보는 사람 없이 혼자 이름을 새기는 것이 무슨 재미가 있겠는가? 진짜 기쁨은 온 세상이 봐줄 때 생기는 법이다.

그러자 산지기는 말했다.

"내가 충고 하나 하겠소. 우리 집안은 대대로 산지기였소. 아버지도 산지기, 아버지의 아버지도 산지기였소. 수 세기 동안 우리 집안은 수미산을 지켜 왔소. 내 조언을 귀담아들으시오. 그 사람들을 데려오지 마시오. 그렇지 않으면 후회하게 될 것이오."

황제는 그의 말이 이해되지 않았지만, 그렇다고 조언을 무시할 수도 없었다. 산지기가 아무 뜻 없이 조언하지는 않았을 것이었다.

산지기는 계속해서 말했다.

"그 사람들에게 보여 주고 싶다면, 먼저 가서 이름을 새기시오. 그러고 나서 보고 싶은 사람들을 부르시오. 지금 당장 데려오기를 원한다면 나도 더는 반대를 하지 않겠소. 그러나 내 조언을 받아들인다면 더는 망설이지 마시오. 나중에 그 사람들을 오게 하면 되오. 지금은 혼자 가시오."

몹시 올바른 충고였다.

"그렇게 하겠소. 나 혼자 가서 이름을 새기고 다시 오겠소. 그때 당신을 부르겠소."

"아주 잘 생각하셨소."

산지기는 말했다.

황제는 수미산으로 갔다. 수미산은 수천 개의 태양 아래에서 찬란하게 빛을 발하고 있었다. 하늘나라인데 태양 하나로 되겠는가. 수천 개의 태양 아래에서 히말라야보다 훨씬 더 큰 황금산이 번쩍이고 있었다. 히말라야의 길이가 약 200마일인데, 수미산은 더 넓게 뻗어 있었다. 한동안 그는 눈을 뜰 수조차 없었다. 산이 거기에서 찬란한 빛을 뿜어내고 있었다. 어느 정도 눈에 익자, 그는 이름을 새길 공간을 찾기 시작했다. 마땅한 장소를 찾다가 그는 너무 당황했다. 이름을 새길 한 뼘의 공간도 없는 것이었다. 산 전체는 이미 이름들로 가득했다.

그는 자신의 눈을 의심했다. 그리고 처음으로 자신이 어떤 사람인지를 깨달았다. 이제껏 그는 자신이 수천 년에 한 번 나오는 초인이라고 여겼다. 그러나 시간은 영원했다. 영겁의 세월 속에서 몇천 년은 직선 위의 한 점에 불과했다. 그의 앞에 이미 수많은 차크라 바르틴이 있었다. 온 우주에서 가장 크다는 산에 그의 이름 석 자 적을 공간이 없었다.

그는 산지기에게 돌아왔다. 그리고 그제야 산지기가 부인과 총사령관, 수상, 친한 벗들을 데려오지 말라고 한 이유를 알게 되었다. 그 광경을 보지 않는 것이 나았다. 그러면 그들에게는 그가 아주 귀한 존재로 여전히 남을 것이었다.

그는 산지기에게 돌아가서 말했다.

"가 보니 공간이 없더이다."

그러자 산지기는 말했다.

"내가 당신에게 말하려는 것이 바로 이것이오. 당신이 할 일은 이름 몇 개를 지우고 거기에다 당신의 이름을 새기는 거요. 지금까지 이렇게 이름이 적혀 왔소. 나도 내 아버지도 같은 일을 겪었소. 내 아버지의 아버지도 마찬가지라오. 우리 집안의 그 누구도 수미산에 공백이 있는 것을 보지 못했소. 한 뼘의 공간도 말이오."

계속해서 그가 말했다.

"차크라 바르틴이 천국에 오면 다른 이름들을 지우고 그의 이름을 써야만 했소. 따라서 이 산은 모든 차크라 바르틴의 이름을 기록하지 못하오. 수없이 지워지고 다시 새겨졌소. 이제 다른 이름을 지우고 당신의 이름을 적으시오. 그리고 친구들에게 보여 주고 싶거든 데리고 오시오."

황제는 한숨을 쉬며 말했다.

"싫소, 친구들에게 보여 주고 싶지 않소. 더구나 내 이름도 쓰기 싫소. 무슨 소용이 있단 말이오. 언젠가 또 누군가가 와서 내 이름을 지울 텐데."

"내 인생은 완전히 물거품처럼 되었소. 하늘나라의 수미산에 이름을 올리는 것이 나의 유일한 희망이었소. 이것 때문에 살았고, 이것에 내 인생을 걸었소. 이것을 위해 온 세계를 피로 물들였소. 그런데 누군가가 내 이름을 지우고 그의 이름을 적을 것이라니, 그러면 도대체 이름을 쓰는 것이 무슨 의미가 있소? 나는 쓰지 않을 테요."

이 말을 듣고 산지기는 껄껄 웃었다.

"아니, 왜 웃는 거요?"

황제가 물었다.

"이상하군. 당신은 내가 할아버지에게 들은 말을 그대로 하는구려. 차크라 바르틴이 천국에 와서 앞뒤 이야기를 들으면 이름을 쓰지 않고 그냥 간다고 할아버지가 그러셨소. 그러니 당신이 처음이 아니오. 하긴 약간의 지성을 갖춘 사람이라면 당신과 똑같이 할 것이요."

이 세상에서 당신은 무엇을 얻을 수 있는가? 무엇을 가지고 갈 수 있는가? 이름과 명성과 지위? 돈과 권세? 아니면 박학다식함? 그 무엇도 가지고 갈 수 없다. 이 세상을 떠날 때 모든 것을 놓고 가야 한다. 이제 당신은 깨달았을 것이다. 당신이 소유한 모든 것이 결국 하나도 당신의 것이 아니라는 사실을 말이다. 그런데 이런 소유물에 눈이 멀어 당신은 타락하고 있다.

더 많이 소유하기 위해서, 더 많은 돈, 더 큰 권세를 가지기 위해서, 그리고 더 많은 땅을 차지하기 위해서, 당신은 옳지 못한 일들을 하고 있다. 계속해서 거짓말하고 정직하지 않을 일을 한다. 당신은 수백 개의 거짓 얼굴을 가지고 있다. 다른 사람에게나 당신 자신에게 진실했던 적은 한순간도 없다. 진실하다는 것 자체가 아예 불가능하다. 끊임없이 거짓말을 해야 하고 사기를 쳐야 하고 겉치레를 부려야만 한다. 그래야만 이 세상에서 성공할 수가 있다. 진실은 성공에 전혀 도움이 되지 않는다. 정직도 성실함도 아무런 도움이 안 된다.

모든 소유물과 성공과 명성을 빼고 나면 당신은 누구인가? 당신이 누구인지 당신 자신도 모른다. 이름, 명성, 권력에 당신은 자신을 동일시하고 있다. 이러한 것들을 제외하고 나면 당신은 누구인가? 당신의 모든 소유가 당신의 정체성이 되었다. 그리고 그것이 당신이라는 존재라고 잘못 생각하고 있다. 에고가 바로 그것이다.

에고는 전혀 신비스럽지 않다. 에고는 아주 단순한 현상이다. 당신은 자신이 누구인지 알지 못한다. 자신이 누구인지도 모른다면 당신은 죽은 것이나 다름없다. 내가 누군지 모르는데 무슨 일을 한다는 말인가? 어떤 일을 하든 무의미할 뿐이다. 따라서 가장 먼저 해야 할 일은 내가 누구인지 아는 것이다. 그리고 나서야 당신 안에 깃든 본질적인 잠재성을 완전히 성취되도록 만들고 또한 궁극의 집으로 이끄는 어떠한 일을 할 수 있다.

그러나 내가 누구인지 모르면서 인생을 산다면 과연 본연의 내가 다다르고자 하는 곳에 어떻게 갈 수 있겠는가? 여기저기 헤매기만 할 뿐으로 "여기가 내가 찾던 그곳이야."라고 말할 수 있는 순간은 절대 없다.

당신은 자신이 누구인지 알지 못한다. 그렇기에 진정한 본성을 대체할 거짓 정체성이 필요하다. 당신은 소유물을 통해 거짓 정체성을 확보한다.

이 세상에 태어날 때부터 당신 내면에는 순수하게 지켜보는 사람이 깃들어 있다. 모든 사람은 태어날 때 똑같은 순수 의식을 가지고 세상에 나온다. 그러나 자라면서 아이는 기존 세계와 흥정을 하기 시작한다. 어른들은 많은 것을 가지고 있다. 그러나 아이는 오직 한 가지만을 가지고 있다. 그것은 바로 '나'라는 통합된 존재인 자존自尊이다. 아이는 이렇게 한 가지만을 가지고 있다. 이것을 순수, 지성, 진정성眞正性이라고 부르고 있다.

아이는 자연스럽게 주위 물건에 관심을 가지게 된다. 이것도 갖고 싶고 저것도 갖고 싶어 한다. 인간 본성의 한 부분이다. 어린아이를 보아라! 갓 태어난 아기도 손에 무엇인가를 움켜쥐려고 한다. 아기의 조그만 두 손이 무엇인가를 잡으려고 조몰락거린다. 이미 인생의 여정이 시작된 것이다.

인생의 여정에서 인간은 본연의 모습을 잃어버린다. 이 세상에서 무엇인가를 가지기 위해서는 반드시 대가를 치러야 하기 때문이다. 가여운 아이는 자신이 얼마나 소중한 것을 가졌는지 이해하지 못한다. 그의 통합된 존재는 더없이 귀중하다. 온 세상을 준다고 해도 바꿀 수 없을 만큼 귀중하다는 사실을 아이는 깨닫지 못한다. 아이가 이 사실을 알 방법은 없다. 이것이 문제이다. 아이는 자신이 보물을 가졌다는 사실을 모른 채 그저 당연하게만 여긴다. 이해를 돕기 위해 이야기를 들겠다.

매우 부유한 한 남자가 깊은 좌절에 빠지고 말았다. 어떠한 성공도 결국은 좌절로 이끌기 마련이다. 성공이라는 것보다 더한 실패는 없다. 당신이 낙오자일 경우에만 성공은 의미가 있다. 그리고 성공하고 나면 세상이, 사람들이, 사회가 당신을 속였음을 알게 된다. 이 남자는 모든 부를 소유했지만, 마음의 평화가 없었다. 그래서 그는 마음의 평화를 찾기 시작했다.

이것이 미국이라는 나라에서 벌어지고 있는 일이다. 세계 어느 나라와 비교가 안 될 만큼 미국에서는 많은 사람이 마음의 평화를 갈구하고 있다. 그런데 나는 마음의 평화를 찾는 인도 사람이 있다는 이야기는 들어본 적이 없다. 인도인들에게는 위장胃腸의 평화가 더 급선무이다. 마음의 평화는 멀고 먼 이야기이다. 위장과 마음의 거리는 수천 킬로미터에 가깝다.

미국에서는 모든 사람이 마음의 평화를 갈구한다. 그 무엇을 찾는 사람 앞에는 그 요구를 충족시켜줄 사람들이 항상 대기하기 마련이다. 이것이 경제학의 간단한 법칙이다. 수요가 있는 곳에 공급이 있다. 찾고 있는 것이 허위 광고나 선전에 의한 것인지, 아니면 그것이 정말 가치가 있는 것인지 신경 쓰는 사람은 없다.

수요가 있는 곳에 공급이 있다는 단순한 법칙을 알고서 교활한 사람들은 한발 앞서 나간다. 이러한 사람들은 말한다.

"수요가 일어나기를 기다릴 필요는 없다. 수요는 만들어가는 것이다."

광고의 역할이 이것이다. 광고는 수요를 만들어낸다.

광고를 보기 전까지는 그 물건이 전혀 필요하지 않았다. 그것이 필요한 것인지 아예 생각조차 하지 않는다. 그러나 광고지를 읽고 나면 갑자기 이런 생각이 든다.

"아니, 내가 이것 없이 지금껏 살았잖아? 이런 물건이 있다는 것조차 몰랐다니, 나는 참 바보야."

어떤 사람들은 물건을 제조하거나 생산하기 3, 4년 전부터 광고를 시작한다. 그 물건이 사람들의 마음에 인식될 무렵에는 생산조차 되어 있지 않다. 그러나 한번 수요가 일어나면 공급은 완벽한 태세를 갖춘다.

버나드 쇼20세기 초의 영국 극작가 겸 소설가_역주가 신출내기 작가였을 때, 그의 처녀작을 사려는 사람은 아무도 없었다. 그의 이름이 생소했기 때문이었다. 작가의 이름조차 모르는데 "조지 버나드 쇼의 희곡을 주세요."라고 하며 어떻게 책을 살 수 있겠는가? 책을 팔기 위해 그는 무엇이든 해야만 했다. 그는 자신의 책을 직접 출판했다. 발행인이 되어 돈을 전부 투자한 것이다. 책이 나온 후, 그는 모든 서점을 돌아다니며 이렇게 물었다.

"조지 버나드 쇼의 책 있습니까?"

그러자 서점 주인들은 한결같이 "조지 버나드 쇼라고요? 글쎄 그런 이름은 못 들어 봤는데요."라고 말했다.

"이상하군요. 이런 위대한 사람을 모르다니. 그러고도 서점을 운영한다는 말이오? 시대에 뒤떨어져 있다고 생각하지 않으시오? 시대에 발맞추는 사람이 되기 위해 당신이 해야 할 첫 번째 일은 조지 버나드 쇼의 책을 갖다 놓는 것이오."

그는 단 한 권만 출판해 놓고도 후속 작품들을 광고하기 시작했다. 이왕 거리 광고에 나섰는데 한 권으로만 그칠 수 없었다. 책 한 권으로는 위대한 작가가 될 수 없는 법이다.

그는 나갈 때마다 옷을 갈아입었다. 어떨 때는 모자를 쓰고, 또 다른 때에는 안경을 썼다. 점차 사람들이 그의 집을 찾아오기 시작했다. 광고와 공급, 두 일을 모두 그가 해냈다. 이렇게 해서 그는 첫 책을 팔았다. 거리에서 사람들을 만나면 그는 이렇게 말했다.

"혹시 이런 이름을 들어보셨습니까? 요즘 조지 버나드 쇼라는 사람이 어떤 책을 냈다고 하는데, 가는 곳마다 난리랍니다. 책이 훌륭하다고 어찌나 칭찬하는지 몰라요. 혹시 아시나요?"

그러면 사람들은 이렇게 대답했다.

"그런 이름은 못 들어봤는데요?"

"이상하군. 런던을 문화의 도시로 생각했는데." 하고 그는 태연하게 중얼거렸다. 이렇듯 도서관, 클럽 등 수요의 가능성이 있는 모든 장소를 다니면서 그는 직접 수요를 창출했다. 그의 책은 날개 돋친 듯이 팔렸다. 그 이후에도 그의 책은 잘 팔렸으며, 그는 결국 이 시대의 위대한 작가가 되었다. 스스로 수요를 만든 것이다.

성공한 사람들에게는 그들을 설득하여 마음의 평화에 대한 수요를 창출할 필요가 없다. 성공과 더불어 마음의 평화는 사라지기 때문이다. 성공은 마음으로부터 모든 평화를 앗아간다. 성공은 인생에서 의미 있는 모든 것을 삼키고 앗아간다. 평화, 고요, 기쁨, 사랑이 모두 사라진다. 마침내 당신의 양손에는 온갖 잡동사니만 가득할 뿐, 소중한 것들은 아무것도 남지 않는다. 그리고 나서야 갑자기 마음의 평화가 절실히 필요함을 알게 된다.

당신이 원하는 즉시 공급자가 나선다. 그런데 이들은 마음에 대해서, 그리고 평화에 대해서 아무것도 모른다. 조슈아 리브먼이라는 유대교 랍비가 쓴 『마음의 평화』라는 책을 읽어 본 적이 있다. 그 책을 다 훑어보았는데, 조슈아 리브먼은 평화가 무엇인지, 마음이 무엇인지 전혀 모르는 작가였다. 그저 장사꾼에 불과했다. 마음의 평화가 무엇인지도 모른 채 훌륭한 책을 써낸 것이다.

그의 책은 세계적인 베스트셀러이다. 마음의 평화를 찾는 사람들이 언젠가는 그의 책을 발견하고 사게 된다. 그는 온갖 미사여구로 글을 말끔하게 써 내려갔다. 훌륭한 작가였다. 책은 분명한 어조로 깊은 감명을 줄 수 있도록 쓰여 있다. 어쩌면 당신도 깊은 감명을 받을지 모른다. 그러나 아무리 이 책에서 감명을 받아도 마음의 평화는 전과 다름없이 동떨어져 있다. 어쩌면 마음의 평화로 가는 길이 더 멀어졌는지도 모른다.

사실, 평화가 무엇인지 마음이 무엇인지 아는 사람이라면 『마음의 평화』 같은 제목을 붙이지 않을 것이다. 마음이란 모든 불화와 불안의 원인이 되기 때문이다. 마음이 사라질 때 평화가 있다. 마음의 평화란 절대 있을 수 없다. 마음이 있으면 평화는 없다. 평화가 있으면 마음이 없다. 그런데 '무심의 평화'라는 제목의 책을 쓴다면 아무도 사지 않을 것이다. 아무리 생각해 봐도 '무심의 평화'라는 책을 살 사람은 아무도 없을 것이다. 사람들은 이 제목을 이해조차 못 할 것이다. 그러나 이것이야말로 진리이다.

어린아이는 자신이 세상에 무엇을 가지고 태어났는지 모른다. 이 부자도 똑같았다. 그는 세계의 모든 부를 다 소유했고, 이제는 마음의 평화를 찾아 나섰다. 현자들을 찾아다니면서 훌륭한 조언을 구했다. 그러나 어떠한 조언도 그에게 마음의 평화를 주지 못했다.

사실, 오직 바보들만이 조언한다. 그리고 어리석은 사람만이 조언을 받아들인다. 지혜로운 사람은 함부로 조언하지 않는다. 아낌없이 받기는 하되, 절대 남에게 주어서는 안 되는 것이 조언임을 현명한 사람들은 모두 알고 있다.

지혜로운 사람은 조언을 받아들일 수 있도록 먼저 당신을 준비시킬 것이다. 단순히 조언을 주는 것이 아니라, 조언을 받아들이게끔 당신을 충분히 준비시킬 것이다. 몇 년이 걸릴 수도 있다. 토지를 준비해야 씨앗을 뿌릴 수 있는 법이다. 바위나 돌밭에 씨앗을 뿌리는 것은 어리석은 사람이 하는 짓이다. 그러고도 그것이 씨앗을 버리는 것임을 알지 못한다.

그리하여 많은 현자가 그에게 조언했지만, 어떠한 조언도 마음의 평화를 주지는 못했다. 그런데 어느 날, 한 사람이 길에서 부자를 불러 세웠다. 그는 유명한 현자가 아닐뿐더러 마을에서 바보로 손가락질을 받는 사람이었다. 그는 이렇게 말했다.

"정말 시간을 낭비하는구려. 당신이 만난 사람들은 현자가 아니오. 나는 그들을 아주 잘 아오. 그러나 내가 바보이기 때문에 사람들은 내 말을 믿지 않소. 아마 당신도 내 말을 믿지 않겠지만, 여하튼 나는 현자 한 명을 알고 있소."

"마음의 평화를 찾기 위해 헤매는 당신을 보니 안쓰러워서 한마디만 하겠소. 내가 최고의 적임자를 소개해 주겠소. 사람들은 나를 바보라고 부르오. 나에게 충고를 요청하지도 않고 나도 누군가에게 충고해 준 적이 없소. 그러나 당신이 너무 안타까워서 그동안의 침묵을 깨는 것이오. 자, 옆 동네에 가서 이 사람을 찾으시오."

부자는 즉시 길을 떠났다. 명마에 올라타고 다이아몬드를 가득 넣은 큰 자루를 말 안장에 얹고 옆 동네로 출발했다. 그리고 그 마을에 도착하여 그 남자를 찾았다. 그가 찾은 사람은 수피神과의 직접적인 교류를 요구하는 신비주의자_역주들에게는 널리 알려진 물라 나스루딘이었다.

부자는 물라에게 부탁했다.

"마음의 평화를 얻는 것을 도와주십시오."

물라가 대답했다.

"도와 달라고요? 그럼, 당신에게 마음의 평화를 주겠소."

부자는 속으로 생각했다.

'이상한 일이군. 처음에는 바보가 이 사람을 소개해 주지 않았던가. 손해 볼 것 없다는 자포자기의 심정으로 여기까지 왔지만, 이 사람은 더 바보처럼 보이는군. 그럼 당신에게 마음의 평화를 주겠다고 말하다니.'

부자는 말했다.

"나에게 마음의 평화를 준다고 했소? 나는 많은 현자를 만나 보았소. 그들은 모두 나에게 조언했소. 이것을 해라, 저것을 해라, 자기 자신을 수양해라, 자비를 베풀어라, 가난한 사람들을 도와라, 병원을 세워라 등의 많은 조언을 해 주었지요. 그 조언대로 나는 모두 했소. 그런데 아무 소용이 없더이다. 오히려 더 많은 고통만 생겼소. 그런데 지금 마음의 평화를 나에게 준다고 했소?"

물라가 대답했다.

"아주 간단하오. 우선 말에서 내려오시오."

부자는 자루를 들고서 말에서 내려왔다.

물라가 물었다.

"도대체 자루 안에 무엇이 있길래 가슴에 꼭 안고 있는 거요?"

"아주 귀한 다이아몬드요. 당신이 나에게 마음의 평화를 준다면 내가 이 자루를 당신에게 주겠소."

그러나 부자가 상황을 파악하기도 전에 물라는 자루를 낚아채고서는 도망치기 시작했다.

부자는 충격을 받아 한동안 멍하니 서 있었다. 무엇을 해야 할지 생각조차 떠오르지 않았다. 잠시 후 물라를 쫓아가야겠다는 생각이 들었다. 그러나 여기는 물라의 마을이었다. 그는 모든 길과 지름길을 알고 있었으며, 이미 앞서 뛰어가고 있었다. 부자는 평생 뛰어 본 일이 없었다. 그리고 너무 뚱뚱했다. 그는 자리에 주저앉아 울다가 화를 내다가 또 숨을 헐떡이면서 눈물을 펑펑 쏟았다.

"된통 속고 말았어! 평생 힘들게 모은 재산을 전부 훔쳐서 도망가다니!"

부자의 통곡을 듣고 마을 사람들이 주위로 몰려들더니, 모두 깔깔 웃는 것이 아닌가. 부자는 화가 치밀었다.

"당신들 모두 바보인 거요? 이 마을에는 바보만 있나? 나는 완전히 거지꼴이 되었는데, 도둑을 잡아 주지는 못할망정 비웃고 있다니, 제정신들이요?"

마을 사람들은 이렇게 말했다.

"그는 도둑이 아니오. 뛰어난 현자요."

부자는 이해할 수가 없었다.

"그 바보가 물라를 소개해 줘서 나를 이 지경으로 몰아넣은 거야!"

어쨌든 부자는 물라의 뒤를 쫓아갔다. 땀을 비 오듯이 흘리면서 뛰었다. 그런데 물라는 부자가 말을 세워 둔 나무 밑에 이미 돌아와 있었다. 나무 밑에서 자루를 옆에 끼고 앉아 있었다. 부자는 숨을 몰아쉬면서 달려와 눈물범벅이 되어 울고 또 울었다.

물라가 말했다.

"이것을 가지시오."

부자는 자루를 냉큼 받아서 가슴 언저리에 꼭 품었다.

물라가 말했다.

"지금 기분이 어떻소? 마음에 평화가 깃들은 것을 느끼겠소?"

"그렇소. 아주 평화롭구려. 이상한 사람이군. 이상한 방법으로 마음의 평화를 주는군."

물라가 말했다.

"전혀 이상한 방법이 아니오. 산수일 뿐이오. 당신은 무엇을 가지고 있었든 그것을 당연하게 여기며 살아왔소. 당신은 가진 것을 한 번 잃을 필요가 있었소. 그리고 나서 잃어버린 것이 무엇인지를 깨달은 것이오. 이것은 마음속에 평화가 없었을 때 가지고 다녔던 바로 그 자루요. 지금 똑같은 자루를 가슴에 품었지만, 당신은 세상에서 가장 행복한 사람이 되었소. 완벽한 현자의 얼굴이오. 이제 집으로 돌아가시오. 이제 사람들을 귀찮게 하지 마시오."

이것이 아이들이 접하는 문제이다. 아이는 순수한 상태로 이 세상에 태어난다. 그러나 자라면서 순수를 대가로 원하는 것을 산다. 용기를 주고 온갖 잡동사니를 얻는다. 맑은 본성을 잃는 대가로 장난감을 산다. 이 세상은 수많은 장난감으로 가득 차 있다. 그러나 막상 장난감들을 모두 갖고 나면 아이는 이제 즐거움을 얻지 못한다. 성취감도 만족감도 느끼지 못한다. 그리고 나서 무엇인가 잃어버렸음을 깨닫는다. 잃어버린 것은 바로 자기 자신인 것이다.

더 나은 세상을 만들기 위해 모든 가정에서는 아이들을 스승 삼아 배워야 한다. 사람들은 아이들을 가르치는 데에만 급급하다. 누구도 아이에게서 배우려 하지 않는다. 아이들은 많은 것을 가르쳐 줄 수 있다. 반면 어른들이 아이에게 가르칠 것은 아무것도 없다.

나이가 많고 힘이 있다는 이유만으로 당신은 아이들을 당신의 방식대로 가르치려고만 한다. 자신이 과연 어떠한 사람인지, 무엇을 이루었는지, 내적 세계에서 어디까지 이르렀는지 한 번도 되돌아보지 않고 자신과 똑같은 사람으로 만들기 위해 아이들을 다그친다. 깊은 내면에서 보면, 당신의 모습은 빈털터리 거지와 다름없다. 그래도 아이들을 당신과 똑같은 사람으로 만들고 싶은가?

그런데 이렇게 생각하는 사람은 아무도 없다. 조금이라도 생각이 있는 사람이라면 어린아이에게 배우려고 할 것이다. 어린아이들은 이 세상에 갓 도착했기에 저 너머 세상의 것들을 많이 가지고 있다. 여전히 자궁의 고요를 기억하며 존재의 침묵을 알고 있다.

명심해라! 미지의 것을 믿어야 한다. 기존의 것은 마음의 차원이지만, 미지의 것은 마음이 아니다. 마음이 아닌 다른 무엇이다. 분명한 것은, 마음이 기존 세계의 축적물이라는 사실이다. 두 갈래의 길을 만나면 마음은 "이쪽으로 가! 사람이 다녔던 흔적이 있어."라고 속삭인다. 이것이 마음이다. 그러나 본연의 존재가 속삭이는 소리에 귀를 기울인다면 존재는 생소한 길이나 미지의 길로 가라고 할 것이다. 이렇듯 마음은 전통적이고 보수적이다. 마음은 이미 알고 있는 길이나 사람들이 다니는 길로 가기를 원한다. 방해물이 없는 길을 원한다.

따라서 항상 미지의 세계를 향해 귀를 쫑긋 세워라! 미지의 세계로 발을 딛기 위해 용기를 불러 모아라!

운명을 개척하기 위해서는 많은 용기가 필요하다. 두려움이 없는 자세가 필요하다. 두려운 마음이 가득한 사람들은 감히 기존 세계의 경계를 넘어서지 못한다. 이미 익히 알고 있기에 기존의 세계에 있으면 편안함을 느끼고 안정이 된다. 기존의 것을 어떻게 다루어야 하는지 사람들은 이미 완벽하게 알고 있다. 반쯤 잠에 빠져서도 다룰 수 있는 것이 기존의 세계이다. 어떠한 자각도 필요 없다. 이렇듯 기존 세계는 너무나도 편리하다.

기존 세계의 경계선을 한 발짝 넘는 순간부터 공포가 몰려온다. 이제 이곳은 당신이 아는 세계가 아니다. 무엇을 해야 하고 무엇을 하지 말아야 하는지 아는 것이 없다. 아무 확신도 들지 않는다. 실수를 저지를 수도 있고 길을 잃을 수도 있다. 이러한 것에 대한 공포가 사람들을 기존 세계에서 벗어나지 못하도록 구속한다. 그리고 한번 기존 세계에 발목이 잡힌 사람은 살아 있는 시체나 다름없다.

인생은 위험하게 살아야만 한다. 삶을 사는 데 있어서 이것 외의 다른 방법은 없다. 위험을 통해서만 인간은 성숙할 수 있고 성장할 수 있다. 인간은 모험가가 되어야만 한다. 미지의 것을 위해 기꺼이 기존의 것을 위험에 빠뜨릴 수 있어야만 한다. 두려움이 없는 경지에 이르러 자유를 맛본다면 미지의 세계로 들어온 것에 대해 절대 후회하지 않을 것이다. 인간이 최고의 삶을 누리는 최적의 상태가 무엇인지 알기 때문이다. 그리고 인생이라는 횃불이 활활 타오른다는 것이 어떤 것인지 깨달을 것이다. 한순간 이렇게 강렬하게 사는 것이 영원히 진부하게 사는 것보다 훨씬 더 만족스럽고 즐겁게 느껴진다.

새것이 오도록 문을 열어라

새것은 신의 메시지이다. 새것이 당신의 문 앞에서 문을 두드릴 때 당신은 받아들일 수도 있고 거절할 수도 있다. 거절하면 그대는 돌과 같이 생명이 없는 존재가 된다. 그러나 새것을 받아들이면 당신은 꽃과 같은 존재가 되어 향기 가득히 활짝 피어난다. 축복 가득한 개화이다.

새것은 생소하다. 친구가 될지 적이 될지 모른다. 알아낼 방법은 단 한 가지, 새것을 받아들이는 것이다. 새것을 받아들일 때 염려와 두려움이 몰려온다.

새것은 당신에게서 나온 것이 아니다. 저 너머 세계에서 온 것이다. 당신에게 속한 것이 아니다. 새것이 당신의 문을 두드리면 당신의 모든 과거는 위험을 느낀다. 새것은 당신에게 익숙한 것이 아니다. 당신은 지금껏 한 가지 방식으로만 삶을 살았고, 한 가지 방식으로만 생각해 왔으며, 당신의 믿음에 의지하여 편안한 삶을 구축했다. 그런데 새로운 어떤 것이 당신의 문앞을 두드리고 있다. 그 순간에 과거 삶의 양식은 혼란에 빠지게 된다. 문을 열어 새것을 받아들이면 다시는 과거의 모습으로 돌아갈 수 없다. 새것이 당신을 변화시키기 때문이다.

새것은 위험하다. 그 누구도 그 끝에 무엇이 있는지 알지 못한다.

반면 옛것은 이미 알고 있는 것이어서 친숙하다. 오랫동안 살았던 방식이고 낱낱이 알고 있는 것들이다. 이와 달리 새것은 생소하다. 친구가 될지 적이 될지 모른다. 알아낼 방법은 단 한 가지, 새것을 받아들이는 것이다. 새것을 받아들일 때 염려와 두려움이 몰려온다.

당신은 새것을 계속 거부할 수 없다. 옛것은 당신이 원하는 것을 더는 주지 않는다. 옛것은 약속만 할 뿐, 그 약속을 이행하지 않는다. 옛것은 친숙하기는 하지만 불행의 원천이다. 새것을 대하면 불편할 수도 있지만, 그곳에는 가능성이 있다. 당신에게 더없는 행복을 가져다줄지 모른다. 그래서 거절할 수도 받아들일 수도 없는 곤란한 입장이 된다. 당신은 동요하고 두려움에 떤다. 깊은 고뇌가 생긴다. 이것은 자연스러운 과정이다. 잘못된 것이 아니다. 이것이 새것의 존재 방식이며, 앞으로도 그러할 것이다.

새로운 것이 당신 앞에 왜 나타났는지 이해하도록 애써라! 이 세상의 모든 사람은 새로워지기를 원한다. 옛것에 만족하는 사람은 아무도 없다. 옛것이 무엇이든 옛것에 만족할 수는 없다. 당신은 옛것에 대해 모든 것을 알고 있다. 일단 알고 나면 모든 옛것은 반복에 불과하다. 권태롭고 단조로울 뿐이다. 당신은 이런 권태로움에서 벗어나기를 원한다. 탐험과 모험을 꿈꾼다. 새롭게 거듭나기를 원한다. 그러나 막상 새것이 당신의 문 앞에 서서 문을 두드리면 당신은 뒤로 움츠리고 도망친다. 옛것 뒤로 숨는다. 당신은 딜레마에 빠진다.

어떻게 새로워질 수 있을까? 모든 사람은 새롭게 거듭나기를 바란다. 새로워지기 위해서는 용기가 필요하다. 보통 용기가 아닌 초특급 용기가 있어야 한다. 그러나 세계는 겁쟁이들로 가득 찼다. 겁에 질린 사람들은 내적 성장을 하지 못한다. 겁쟁이에게 무슨 성장이 있겠는가? 새로운 기회가 올 때마다 뒤로 숨어 두 눈을 질끈 감는데, 어떻게 성장할 수 있겠는가? 그리고 어떻게 존재할 수 있겠는가? 겁쟁이들은 존재하는 척 시늉만 할 뿐이다.

당신은 내적 성장을 하지 못했기에 그것의 대체물을 찾기 시작한다. 당신 존재는 성장하지 못하면서 그 대신 통장의 잔액은 늘어만 간다. 이럴 때, 통장의 잔액이 성장의 대체물이 된다. 통장의 잔액을 늘리는 데는 용기가 필요 없다. 겁쟁이인 당신과 너무나 잘 어울린다. 통장의 잔액이 많아질수록 당신은 자신이 성장하고 있다고 생각한다. 하지만 이것은 자신을 기만하는 것이다. 이름이 당신이 아니며, 명성이 당신이 아니다. 통장의 잔액이 당신의 존재가 될 수는 없다. 그러나 존재에 대해 생각을 한다면 당신은 곧 두려움에 휩싸인다. 왜냐하면 존재를 성장시키기 위해서는 모든 겁쟁이 같은 언행을 버려야 하기 때문이다.

그러면 어떻게 새로운 사람이 될 수 있을까? 되고 싶다고 누구나 새로운 사람이 될 수는 없다. 새로움은 저 너머 세계의 신에게서 오는 것이다. 새로움은 존재 세계에서 온다. 마음은 항상 낡은 것이다. 마음은 과거의 축적이기에 절대 새로울 수 없다. 그러나 새로움은 저 너머 세계에서 온다. 이것은 신이 주는 선물이다. 그렇기에 초월의 차원에 속한다.

미지의 것, 알 수 없는 것, 초월적인 것은 자유자재로 당신 안으로 들어갈 수 있다. 원래부터 누구든 들어갈 수 있도록 당신의 존재는 열려 있다. 당신은 따로 동떨어진 존재가 아니다. 섬이 아니다. 당신은 저 너머 세계를 잊었는지 모르지만, 초월 세계는 절대 당신을 잊은 적이 없다. 자식은 엄마를 잊을 수 있지만, 엄마는 자식을 절대 잊을 수 없다. 당신이라는 부분은 '나는 혼자야.'라고 생각할지 모르지만, 존재 세계라는 전체는 당신이 동떨어진 존재가 아님을 잘 알고 있다. 이 전체가 당신 안으로 들어가는 것이다. 여전히 당신과의 끈을 놓지 않고 있다. 당신이 환영하지 않음에도 불구하고 새것은 이러한 이유로 계속 당신을 찾아온다. 아침마다 그리고 저녁마다 새것은 당신의 문을 두드린다. 수만 번도 더 찾아온다. 내면의 눈이 뜨였다면 새로움이 끊임없이 찾아온다는 사실을 알 것이다.

존재 세계는 계속 당신의 문을 두드린다. 그러나 당신은 과거 안에 숨어서 문을 걸어 잠근다. 이러한 당신은 무덤 속에 있는 것과 마찬가지이다. 당신에게는 아무런 감각도 없다. 겁에 질려서 모든 감각을 잃었다. 감각이 예민하게 살아 있다면 새것을 금방 감지할 수 있다. 새것이 주는 짜릿함을 느끼고, 새것에 대한 열정과 모험이 솟아올라, 미지의 세계로 출발하려고 할 것이다. 어디로 가는지도 모른 채 용기 있게 나설 것이다.

이러한 것에 대해 마음은 미친 짓이라고 생각한다. 마음은 옛것을 버리는 것을 이성적인 행동이 아니라고 여긴다. 그러나 신은 항상 새롭다. 그래서 우리는 신을 이야기할 때 과거 시제나 미래 시제를 쓰지 않는다. "신이 있었다.", "신이 있을 것이다."라고 말하지 않는다. "신은 있다."라는 현재 시제만 쓴다. 신은 항상 신선하고 새롭다. 그리고 신은 언제나 당신 안으로 들어올 수 있다.

명심해라! 당신의 삶 속으로 들어오는 새로운 모든 것은 신의 메시지이다. 이것을 받아들이면 당신은 종교적인 사람이 되고, 거절하면 비종교적인 사람이 된다. 새것을 수용하기 위해 평안을 유지할 필요가 있다. 새것이 들어올 수 있도록 조금 더 가슴을 열어야 한다. 신이 들어올 길을 터야 한다.

이것이 기도 또는 명상의 뜻이다. 가슴을 열고 "예."라고 말하는 것이다. "들어오세요.", "지금까지 오래 기다렸습니다. 마침내 오셔서 얼마나 기쁜지 모릅니다."라고 말하는 것이다. 기뻐하며 새것을 받아들여라! 가끔 새것이 당신을 불편하게 만들 수도 있다. 그러나 이것 또한 가치 있는 일이다. 때때로 당신을 샛길로 잘못 인도할 수도 있다. 그러나 이것도 의미가 있다. 사람은 잘못을 통해 배우는 법이다. 고난을 통해 성장하기 마련이다. 새것은 어려움을 동반한다. 이러한 이유로 당신은 옛것을 택한다. 옛것에 매달리면 어떠한 어려움도 겪지 않기 때문이다. 옛것은 위안과 안식처를 제공한다.

새것을 깊은 내면으로 완전히 받아들이면 당신에게 변화가 나타난다. 당신이 새것을 받아들이는 것이 아니라 새것이 당신을 찾아온다.

새것이 당신의 문 앞에서 문을 두드릴 때, 당신은 받아들일 수도 있고 거절할 수도 있다. 거절하면 당신은 돌처럼 생명 없는 존재가 된다. 그러나 새것을 받아들이면 당신은 꽃과 같은 존재가 되어 향기 가득히 활짝 피어난다. 축복 가득한 개화이다.

새것을 받아들임으로써 당신은 변화한다. 이것 외의 다른 변화는 없다. 그러나 명심해라! 이것은 당신 자신의 힘과 노력으로 되는 것이 아니다. 그렇다고 아무것도 하지 말라는 뜻이 아니다. 과거에서 비롯된 의지, 방침, 충동에서 벗어나 행동하라는 뜻이다. 일반적인 방법으로는 새것을 찾을 수가 없다. 새것을 어떻게 찾을 수 있겠는가? 그것이 무엇인지도 모르는데, 한 번도 접한 적이 없는데 어떻게 찾겠는가? 새것에 대한 탐구는 마치 밟아보지 못한 땅으로 향하는 탐험과 같다. 철저히 무의 상태이다. 이러한 상태로 시작해야 한다. 어린아이처럼 순진무구하게, 그리고 무한한 가능성이 주는 짜릿함을 맛보면서 미지의 세계로 들어서야 한다.

새것을 만들기 위해 당신이 할 수 있는 일은 아무것도 없다. 당신이 어떤 행동을 하든 모든 행동은 옛것에서 나왔다. 과거에서 온 것들이다. 그렇다고 아무 행동도 하지 말라는 뜻이 아니다. 과거가 심어 준 의지, 방침, 충동을 먼저 내다 버려라! 그러고 나서 행동해라! 이것이 명상적인 행위이다. 본성에서 자연스럽게 우러나온 행동이다. 자연스러운 흐름에 당신 자신을 내맡겨라!

당신이 결정한다는 생각을 버려라! 당신의 결정은 과거에서 온 것이다. 그것은 새것을 파괴할 수 있다. 다만 매 순간 어린아이처럼 행동해라! 자신을 지금의 이 순간 속에 온전히 내맡겨라! 그러면 매일 당신에게 새로운 문이 열리고 새로운 빛이 나타나고 새로운 통찰이 일어날 것이다. 이런 새로운 깨달음을 통해 당신은 계속 변화를 거듭한다. 그리고 어느 날 갑자기 당신은 자신이 매 순간 새롭게 거듭나고 있음을 알게 될 것이다. 옛것은 이제 당신 주위에 안 남아있다. 자욱하게 당신을 둘러싸고 있던 옛것은 이제 모습을 감추었다. 당신은 이슬방울처럼 새롭고 신선한 존재가 되었다.

이것이야말로 부활의 참된 의미이다. 이것을 깨달으면 심리적 기억의 구속에서 벗어날 수 있다. 기억은 죽은 것이다. 기억은 진리를 담지 못하며 영원히 담을 수 없다. 진리란 항상 생동감 넘치는 것이다. 그러나 기억이란 더는 존재하지 않는 것의 잔재이다. 기억은 유령세계에 속한다. 우리를 구속하는 감옥이 된다. 사실은 우리 자체가 기억의 복합물이다. 기억은 '나'라고 부르는 복합체를 창조한다. 에고가 바로 그것이다. '나'라는 가짜 존재는 끊임없이 죽음을 두려워한다. 이것이 사람들이 새것을 두려워하는 이유이다.

두려워하는 것은 '나'라는 에고이지, 당신이라는 존재가 아니다. 존재는 두려움을 모른다. 그러나 에고는 죽음을 너무 무서워하기에 두려움으로 가득 차 있다. 에고는 인위적이고 독단적이며 조립식이다. 에고는 조립되어 있기에 언제든지 분열될 수 있다. 새것이 들어오면 혹시 분열이 일어날까 봐 에고는 전전긍긍한다. 그래서 에고는 새것을 두려워한다. 에고는 스스로 통합해 보려고 온갖 노력을 기울인다. 그런데 새것이 들어오면 에고는 다시 조각나고 말 것이다. 이런 이유로 당신은 새것을 기쁘게 맞아들이지 않는다. 에고의 입장에서 새것이 들어온다는 것은 곧 죽음이니 어떻게 기쁜 마음으로 받아들이겠는가?

당신이 에고와 똑같은 존재가 아니라는 사실을 이해하지 못하면 새것을 받아들일 수 없다. 에고는 과거의 기억 그 이상이 아니며, 당신은 기억의 덩어리와는 구별된 존재이다. 기억은 바이오 컴퓨터와 같아서, 하나의 기계 장치, 즉 실용적인 장치에 불과하다. 그러나 당신이라는 존재는 에고를 뛰어넘는다. 당신은 기억이 아닌 순수 의식이다. 기억은 순수 의식의 한 부분에 불과하다. 당신은 순수 의식 그 자체라고 할 수 있다.

예를 들어, 당신이 길 위에서 어떤 사람을 보았다고 하자. 얼굴은 기억이 나는데 이름이 기억나지 않는다. 당신이 기억과 똑같은 존재라면 당연히 이름을 기억해야 한다. 그러나 당신은 "얼굴은 알겠는데 이름이 생각나지 않아."라고 말하고는 기억의 창고로 들어가서 기억을 더듬는다. 이 구석 저 구석을 찾다가 갑자기 그 사람의 이름을 발견한다. "맞아, 이 이름이야." 기억은 기록이다. 이 기록을 찾는 사람은 당신이다. 그러므로 당신은 기억과 똑같은 존재가 아니다.

그 무엇을 기억하는 데 있어서 너무 긴장하면 제대로 생각이 나지 않는다. 반드시 기억하고자 하는 긴장과 부담 때문에 기억의 실타래가 자연스럽게 풀리지 않는다. 누군가의 이름을 기억하려고 애쓸수록 그 이름이 입속에서 맴돌기만 할 뿐, 떠오르지는 않는다. 기억하고 있는 것은 분명한데 생각이 나지 않는다.

이상한 일이 아닌가? 당신이 기억이라면 도대체 기억이 표면으로 떠오르는 것을 무엇이 방해한다는 말인가? 그리고 "기억하는 것은 맞는데, 도대체 생각이 나지 않아."라고 말하는 사람은 과연 누구인가? 머리를 점점 더 쥐어짜도 생각이 나지 않는다. 그러다가 지쳐 잠깐 휴식을 취하려고 정원을 거닐면서 장미 덤불을 무심히 바라보는 순간, 갑자기 그 이름이 생각난다. 기억의 수면 위로 올라온 것이다.

이렇듯 기억은 기억일 뿐 당신이 아니다. 당신은 순수 의식이며, 기억은 그 순수 의식의 내용물이다. 그러나 에고는 기억에서 에너지를 얻는다. 기억은 옛것이고 당연히 새것을 두려워한다. 기억이란 것은 새것을 만나면 불안해한다. 새것은 기억으로서는 소화하기 힘든 낯선 것이다. 이 새것이 문제를 일으킬 수도 있다. 새것에 맞추어 당신 자신의 자리를 다시 찾아야 한다. 당신 자신을 재조정해야 한다. 이 일은 매우 어려워 보인다.

새로운 존재로 태어나기 위해 우리는 에고와의 동일시에서 벗어나야 한다. 당신이 에고와 별개의 존재라는 사실을 알게 되면, 에고가 죽든 살든 신경을 쓰지 않는다. 에고를 살아 있는 것으로 여기든 죽어 있는 것으로 여기든, 에고가 이미 죽어 있는 것이라는 사실은 분명하다. 에고란 기계 장치에 불과하다. 그러므로 에고를 이용하되, 이용당하지는 말아라! 에고는 사상누각砂上樓閣과 같은 것이기에 죽음을 끊임없이 두려워한다. 에고는 존재에서 비롯되지 않는다. 존재는 생명이다. 생명이 죽음을 두려워하는 법은 없다. 따라서 에고는 존재에서 비롯된 것이 아니다. 생명은 죽음에 대해 아무것도 모른다. 에고는 일시적이고 인위적이며 조립된 것이다. 또한 에고는 거짓이고 가짜이다. 인간이 진짜 살아 있는 존재가 되기 위해서는 바로 이 에고가 죽어 사라져야 한다. 에고가 죽으면 존재가 거듭 태어난다.

새로움은 신의 사자使者이다. 새것은 신의 메시지이다. 복음이다! 새것에 귀를 기울이고 새것과 동행해라! 그러면 당신의 인생은 점점 더 부유해질 것이다. 그리고 언젠가는 꽁꽁 갇혔던 당신이라는 찬란한 존재를 발할 것이다.

당신은 용기가 없어서 당신의 인생 안에서 많은 것을 잃어버렸다. 사실, 용기라는 덕목을 갖추기 위해 당신이 노력할 필요는 없다. 용기를 얻기 위해 당신이 다가가는 것이 아니라 용기들이 당신을 찾아온다. 내적 세계에서는 그렇다.

행복이 가득한 상태로 있는 것이 나에게는 가장 큰 용기를 요구하는 일이다. 불행에 빠져 지내는 것은 겁쟁이들이나 하는 행동이다. 사실 불행해지는 데 필요한 것은 없다. 겁쟁이도 바보도 용기를 요구할 수 있다. 모든 사람에게는 불행해질 수 있는 능력이 있다. 그러나 하늘의 행복을 느끼려면 많은 용기가 필요하다. 이것은 쉬운 일이 아니다.

그런데 이렇게 생각하는 사람은 없다. 대신 '행복해지려면 무엇을 해야 하지? 우리는 누구든지 행복해지기를 원해.'라고 생각한다. 그러나 이 생각은 완전히 잘못되었다. 말은 이렇게 하지만, 행복을 원하는 사람은 아주 드물다. 아주 소수의 사람만이 행복을 원한다. 그리고 사람들 대부분은 불행에 많은 것을 쏟아붓는다. 사람들은 불행해지는 상황을 좋아한다. 사실, 사람들은 불행할 때 행복해한다.

    우리는 인생의 본질을 제대로 이해해야 한다. 인생에 대한 진정한 이해가 없으면 불행이라는 틀에서 벗어나기 힘들다. 첫 번째로 이해해야 할 것은, 그 누구도 당신을 붙잡지 않는다는 점이다. 불행의 감옥에 남아 있기를 결심한 사람은 당신 자신이다. 누구도 당신을 붙잡지 않았다. 그 감옥에서 나오기를 원하기만 하면 지금 즉시 벗어날 수 있다. 그런데 모든 책임이 자신에게 있다고 시인하는 사람은 없다. 어떤 사람이 불행하다면 그 불행은 전적으로 그 사람의 책임이다. 그러나 불행에 빠진 사람은 책임을 지려고 하지 않는다. 이것이 계속 불행을 만드는 방법이기도 하다. 이런 사람들은 "다른 사람이 나를 불행에 빠뜨렸어."라고 말한다.

    만일 누군가가 당신을 불행으로 몰았다면, 그때 당신이 할 수 있는 것은 무엇인가? 당신이 할 수 있는 것은 아무것도 없다. 그러나 당신을 불행으로 내몬 것은 당신 자신이기에 당신이 할 수 있는 일이 있다. 지금 즉시 할 일이 생긴다. 불행한지 불행하지 않은지는 당신의 마음가짐에 달려 있다. 그런데 모든 사람은 남에게 책임을 돌린다. 부인에게, 남편에게, 가족에게, 조건에, 유년 시절에, 어머니에게, 아버지에게 책임을 돌린다. 그리고 때때로 가족, 역사, 운명, 신을 탓하기도 한다. 항상 남의 탓으로 생각한다. 책임을 돌리는 대상은 다르지만, 그 속내는 똑같다.

한 사람이 진정한 인간으로 거듭나기 위해서는 모든 책임을 자신이 질 수 있어야 한다. 현재 그의 모습이 무엇이든 책임을 져야 한다. 이것이 가장 우선되는 용기이고, 가장 큰 용기이다. 그러나 책임을 인정한다는 것은 힘든 일이다. 마음은 계속 이렇게 말하면서 부정하기 때문이다. 사람들은 "너에게 책임이 있다면, 도대체 왜 이렇게 일을 벌인 거야?"라는 식의 비난을 피하려고 남의 탓으로 돌린다. "내가 뭘 했다고 그래? 나는 아무 힘도 없어. 나도 피해자라고! 어찌할 수 없는 큰 힘이 나를 좌지우지한 거란 말이야. 나는 아무 짓도 안 했어. 기껏 한 것이라곤 불행한 나 자신이 불쌍해서 운 것뿐이야. 울고 나면 더 불행해지지." 불행을 포함한 모든 것은 점점 당신을 짓누른다. 실험해 보면 알겠지만, 불행은 계속 성장한다. 점점 더 깊이 들어갈수록 점점 더 수렁 속으로 빠져든다.

외부의 힘은 물론이거니와 그 누구도 당신을 어찌하지 않았다. 당신이, 오직 당신만이 했을 뿐이다. 업業이라는 것이 바로 이런 뜻이다. 업은 당신의 행위이다. 업은 행위라는 뜻을 담고 있다. 행위를 한 것도 주워 담는 것도 당신이다. 그러므로 기다리거나 연기할 이유가 없다. 시간은 필요 없다. 지금 당장 당신의 불행에서 뛰쳐나와라!

그러나 우리는 불행에 길들여 있다. 불행하지 않으면 외롭다고 느긴다. 불행은 우리의 가장 친한 동반자이다. 마치 그림자처럼 어디든 우리를 따라다닌다. 곁에 사람이 없어도 불행이 당신 곁에 있다. 불행이 당신의 배우자이다. 길고 긴 결혼 생활과 마찬가지이다. 전생의 수많은 삶 동안 불행을 반려자로 삼아 살았다.

　이제는 불행과 이혼을 선언할 때가 왔다. 불행과 결별하는 것, 마음의 가장 오랜 습관을 버리는 것, 이것이 바로 위대한 용기이다.

사랑의 용기

사랑은 깊은 충족감과 크나큰 행복을 가져다준다. 무조건 사랑해라! 대가를 바라지 말아라! 사랑을 하게 되면 두려움이 없는 상태에서 내적 성장이 이루어진다. 이 점을 깨닫고 나면 기쁨에 넘쳐 사랑하게 될 것이다. 두려움을 느끼게 되면 더 많이 사랑해라! 사랑하는 데 있어 용기를 가져라! 담대해져라! 사랑 속으로 과감히 모험을 떠나라!

두려움은 다름 아닌 사랑의 부재不在이다. 사랑으로 행동하고 두려움에 대해 잊어라! 사랑을 깊게 하면 두려움은 사라진다.

깊이 사랑하면 두려움은 없어진다. 두려움이란 일종의 부정否定, 부재不在 상태이다. 이 점을 아주 분명히 이해해야 한다. 이 점을 놓치면 두려움의 본질을 절대 이해할 수가 없다. 두려움은 어둠과 같다. 어둠은 실제 존재하는 것이 아니라 그렇게 보이는 것이다. 사실, 어둠은 빛의 부재일 뿐이다. 빛은 정말 존재한다. 빛을 제거하면 그때 어둠이 생긴다.

어둠은 존재하지 않는다. 그렇기에 없앨 수 있는 성질의 것이 아니다. 어떠한 시도를 해도 어둠은 사라지지 않는다. 어둠을 들고 갈 수도 없고 내던질 수도 없다. 어둠으로 무엇인가 하기 위해서는 먼저 빛을 주목해야 한다. 실체가 있는 것만 상대할 수 있기 때문이다. 불을 꺼라! 그러면 어둠이 그곳에 있다. 불을 켜면 어둠은 사라진다. 이렇듯 빛을 상대해야 한다. 어둠을 직접 상대할 수는 없다.

두려움은 어둠과 같다. 사랑이 없으면 그때 두려움이 밀려온다. 두려움을 직접 상대할 수는 없다. 두려움과 씨름할수록 당신은 점점 더 공포에 휩싸인다. 어떤 노력을 해도 두려움을 어찌할 수 없다. 그리고 문제는 더욱 복잡해지기만 한다. 두려움과 맞붙어 싸우면 지는 쪽은 당신이다. 손에 칼을 쥐고 내리쳐도 아무것도 바뀌는 것은 없다. 당신만 녹초가 된다. 그리고 마침내 마음은 이렇게 생각한다.

'어둠은 너무 막강해. 그러니 내가 질 수밖에 없지.'

이런 식으로 논리는 잘못 판단한다. 어둠과 싸워 이길 수 없거나 없애 버리지 못한다면 '어둠은 아주 강력해. 어둠 앞에 서면 난 무력해져.'라는 결론을 내린다. 완벽한 논리이다. 그러나 현실은 논리와 반대이다. 당신은 무력하지 않다. 무력한 것은 오히려 어둠이다. 솔직히 어둠이라는 것은 존재하지 않는다. 당신이 어둠을 이기지 못하는 이유가 이것이다. 아예 존재하지 않는데, 어떻게 이길 수 있겠는가?

두려움에 맞서 싸우려고 하지 말아라! 싸우려고 하면 할수록 점점 더 두려움이 생기고, 이윽고 새로운 두려움이 당신에게 몰려온다. 두려움에 대한 공포가 몰려온다. 이것이야말로 정말 위험하다. 첫 번째로 생기는 두려움은 사랑에 대한 부재이다. 그런데 두 번째로 생기는 두려움에 대한 공포는 부재의 부재에 대한 공포이다. 이런 상태에서 온전한 정신이 가능하겠는가?

두려움은 다름 아닌 사랑의 부재이다. 사랑으로 행동하고 두려움에 대해 잊어라! 누군가를 깊이 사랑하면 두려움은 사라진다. 사랑에 빠지면 두려움은 없다.

누군가와 사랑에 빠졌을 때 두려운 순간이 한때라도 있었는가? 사랑 안에는 두려움이 존재하지 않는다. 두 사람이 만나서 서로 깊이 사랑하고 하나가 되었을 때 두려움은 존재하지 않는다. 마치 불을 켜면 어둠이 사라지는 것과 똑같다. 이것이 사랑의 비밀이다. 그러므로 더 많이 사랑해라!

두려움을 느낀다면 더 많이 사랑해라! 사랑하는 데 있어 용기를 가져라! 담대해져라! 사랑 속으로 과감히 모험을 떠나라! 더 많이, 무조건 사랑해라! 깊이 사랑할수록 두려움은 점점 사라진다.

사랑에는 4가지 단계의 사랑이 있다. 사랑은 섹스에서 삼매三昧까지 다양하다.

첫 번째 단계, 섹스의 무아지경까지 들어가라!

성적 관계에서 깊이 사랑하면 몸에서 두려움이 사라진다. 두려움으로 몸이 떨린다면 이것은 섹스를 두려워해서이다. 깊은 성관계에 들어가지 못해서이다. 몸이 떨린다면 육체가 편안하지 않아서이다.

섹스의 가장 깊은 경지에까지 이르도록 노력해라! 오르가슴은 모든 공포를 몸에서 몰아낸다. 모든 두려움을 쫓는다고 해서 당신이 갑자기 용맹해Brave진다 'Bravery(용맹)'는 부정적인 뜻으로 'Courage(용기)'와는 다른 의미임_역주는 뜻은 아니다. 용맹한 사람과 비겁한 사람은 오십보백보이다. 공포가 사라진다는 뜻은 겁도 없고 용맹함도 없다는 뜻이다. 겁과 용맹함은 두려움의 양면이다.

용맹한 사람을 보아라. 깊은 내면으로 들어가 살펴보면 두려움으로 가득하다. 그래서 갑옷과 방패로 무장을 한다. 용맹함은 두려움이 없다는 뜻이 아니다. 갑옷으로 둘러싸여 사방으로부터 보호를 받는 두려움을 뜻한다.

공포가 사라지면 당신은 두려움이 없는 사람이 된다. 다른 사람에게 공포를 심어 주지도 않고 다른 사람이 당신에게 공포를 느끼도록 만들지도 않는다.

깊은 오르가슴을 느끼면 신체는 편안해진다. 그 상태에 이르면 몸은 아주 건강해진다. 몸이 존재 세계를 느끼고 있기 때문이다.

두 번째 단계는 사랑이다. 아무 조건 없이 사람을 사랑해라! 마음속으로 조건을 따지면 절대 사랑할 수가 없다. 조건들은 사랑을 가로막는 장벽이다. 사랑 자체는 엄청난 충족감을 준다. 그러므로 조건을 따져서는 안 된다. 사랑은 깊은 충족감과 크나큰 행복을 가져다준다. 무조건 사랑해라! 대가를 바라지 말아라! 사랑을 하게 되면 두려움이 없는 상태에서 내적 성장이 이루어진다. 이 점을 깨닫고 나면 기쁨에 넘쳐 사랑하게 될 것이다.

일반적으로 사람들은 원하는 조건이 충족된 후에야 사랑한다. 이것저것을 하면 사랑해 줄 것이라고 사람들은 말한다. 어머니는 아이에게 "얌전히 굴어야 예뻐해 줄 거야."라고 말한다. 부인은 남편에게 "이런 사람이 되세요, 그래야만 당신을 사랑할 것 같아요."라고 말한다. 모든 사람은 조건을 붙인다. 그럴 때 사랑은 어디에도 없다.

사랑은 무한히 펼쳐진 하늘과 같다. 하늘을 좁은 공간 안에 가둘 수 있겠는가? 집 안에 신선한 공기가 들어오도록 한 후에 모든 출구를 막아 공기를 가두어 둔다고 하자. 창문을 꼭 닫고 모든 문을 걸어 잠근다. 그렇게 하면 공기는 신선하지 않고 후덥지근해진다. 어떤 사랑이든 모든 사랑은 자유의 차원에 속한다. 신선한 공기를 집 안에 가두어 놓는다면, 모든 것은 신선하지 않고 오염될 것이다.

이것이 인류 전체가 지닌 심각한 문제이다. 과거에서부터 지속된 문제였다. 사랑에 빠지면 아무 조건도 내세우지 않기에 모든 것은 아름다워 보인다. 두 사람은 조건 없이 서로에게 서서히 다가간다. 그런데 그 두 사람의 사랑이 안정되고 서로를 당연한 존재로 여기기 시작하면 그때부터 조건들이 하나둘씩 생겨난다.

"당신이 이런 사람이 되었으면 좋겠어. 저렇게 행동했으면 좋겠어. 그래야만 사랑해 줄 거야."

사랑은 흥정 대상이 되었다.

가슴에서 진정으로 우러나오는 사랑이 없다면 당신이 하는 사랑은 흥정 대상이 될 뿐이다. 당신은 자신을 위해 다른 사람들이 무엇인가 해 주기를 강요한다. 상대방이 당신을 만족시키지 못하면 차갑게 돌아선다. 사랑은 당근과 채찍으로 이용할 뿐, 진정한 사랑은 없다. 당신은 의도적으로 사랑을 주거나 주지 않으려고 한다. 당신에게는 사랑 그 자체가 목적이 아니라 다른 의도가 담겨 있다.

남편이 아내에게 선물을 준다면 아내는 기뻐할 것이다. 품에 안겨 입맞춤을 할 것이다. 그런데 아무것도 없이 집에 돌아오면 아내와는 거리가 생긴다. 와서 안기지도 않고 가까이 오지도 않는다. 사랑을 하게 되면 기쁨은 사랑을 베푸는 사람에게 배倍가 되어 돌아온다. 이런 부부의 예를 통해, 사랑은 상대방뿐 아니라 당사자에게도 깊은 충족감을 준다는 사실을 알 수 있다. 우선 사랑은 사랑을 베푸는 사람에게 더할 나위 없는 충족감이 된다. 그러고 나서 사랑받는 사람에게도 충족감을 준다.

사람들은 나를 찾아와 "아무도 나를 사랑하지 않아요."라고 하소연한다. 그런데 "나는 그 누구도 사랑하지 않습니다."라고 말하는 사람은 아무도 없다. 사람들은 타인에게 요구하고 기대하는 것을 사랑으로 착각한다. 그래서 "아무도 나를 사랑하지 않아요."라고 말한다. 다른 사람에 대해서는 잊어버려라! 당신이 사랑하면 즐거운 쪽은 당신 자신이다. 이것이 사랑의 아름다움이다.

더 많이 사랑할수록 당신은 더 사랑스러운 존재가 된다. 반대로 사랑을 적게 할수록 누군가가 먼저 사랑해 주기를 애타게 바란다. 사랑을 베푸는 데 인색할수록 당신은 점점 볼품없는 사람이 되어 가고 폐쇄적인 사람이 되며 에고 속으로 갇힌다. 그리고 까다로운 사람이 된다. 그럴 때 누군가가 당신에게 이끌려 접근해도 당신은 두려움 때문에 피한다. 사랑을 하게 되면 언제 거절당할지 모르고 어느 순간 헤어질지도 모르기 때문이다.

'아무도 나를 사랑하지 않아'라는 생각이 당신 안에 뿌리 깊이 새겨져 있다. 당신의 이런 마음을 그 누가 돌릴 수 있겠는가? 누군가가 당신을 사랑해도 당신은 이렇게 생각할 것이다.

'정말 나를 사랑하는 것이 맞아? 아니야, 뭔가 잘못되었을 거야. 나를 속이려는 것일 거야. 사기꾼이 틀림없어. 분명 속임수야.'

당신은 자신을 보호하려고 한다. 누군가가 당신을 사랑하도록 허락하지 않으며 다른 사람을 사랑하지도 않는다. 그리고 당신은 두려움에 휩싸여 있다. 이 세상에서 당신은 모든 사람과 단절된 철저한 외톨이로 남기 때문이다.

그러면 두려움이란 무엇인가? 두려움은 존재 세계와 단절되었다는 느낌이다. 이것이 두려움의 정의이다. 존재 세계와 접촉을 잃은 상태가 두려움이다. 당신은 집 안에 홀로 남겨진 어린아이와 같다. 부모와 다른 가족들은 모두 영화관에 가고 없다. 아기는 요람에서 지칠 때까지 운다. 다른 사람들과 단절된 채, 보호해 줄 사람도 달래 줄 사람도 사랑해 줄 사람도 없이 홀로 남겨졌다. 외톨이라는 쓸쓸함과 깊은 고독감이 주위에 맴돌고 있다. 이것이 두려움이다.

이런 두려움은 왜 생기는 것일까? 마음껏 사랑할 수 있도록 허용되는 환경에서 자라나지 않았기 때문이다. 모든 인류는 무엇인가를 하기 위해 교육이라는 것을 받는데, 사랑만큼은 예외이다. 인간은 죽이는 법을 배운다. 그래서 군대가 존재한다. 몇 년간 적을 죽이는 법을 훈련받는다. 계산하는 법도 배운다. 그래서 대학교가 존재한다. 남에게 사기를 당하지 않고 오히려 남을 속일 수 있도록 몇 년 동안 교육을 받는다. 그러나 어디에도 자유롭게 사랑하도록 허용해 주고 가르쳐 주는 곳은 없다.

오히려 사회는 사랑하지 못하도록 훼방을 놓는다. 부모는 자식이 사랑에 빠지는 것을 싫어한다. 어느 아버지도 어머니도 좋아하지 않는다. 내세우는 이유가 무엇이건 부모는 자식이 사랑에 푹 빠지는 것을 싫어한다. 부모는 중매 결혼을 원한다.

이유가 무엇일까? 젊은 남녀가 사랑에 빠지면 가족에게서 멀어진다. 새로운 가정, 자신만의 가정을 꾸리고 싶어 한다. 지금껏 그가 속했던 가정에 등을 돌리고 반항한다. 그리고는 "이제 떠나야 할 때가 되었어요. 내 가정을 꾸릴 거예요."라고 말하면서 부모 대신 배우자를 선택한다. 아버지와 어머니가 할 수 있는 일은 아무것도 없다. 그때 부모는 완전히 자식을 잃었다고 생각한다.

그래서 부모는 자식의 결혼을 직접 계획하기를 원하며 이렇게 말한다.

"가정을 꾸릴 나이가 되었지. 우리가 조언도 하고 도와주마. 우선 연애는 하지 말아라! 사랑에 빠지면 사랑이 곧 이 세상의 전부가 되어 버리거든."

중매 결혼은 파티와도 같다. 배우자를 사랑하지도 않고 배우자가

이 세상의 전부도 아니다. 그러나 이렇게 중매 결혼이 계속되면 가정 또한 지속된다. 반대로 연애 결혼이 이루어지면 가정은 없어진다.

서양에서 가정은 점점 사라지고 있다. 중매 결혼의 논리를 한번 살펴보자. 사람들은 가족제도가 존속되기를 원한다. 당신의 인생이 망가지는 것, 사랑이 파경을 맞이하는 것쯤은 논의의 대상도 아니다. 그저 가정을 위해 당신이 희생해야만 한다. 중매 결혼이 성사되면 가족제도는 지속된다. 중매 결혼을 통해 100명의 사람이 한 가정으로 묶인다. 그러나 젊은 남녀가 서로 만나 사랑에 빠지면 그들이 이 세상의 전부가 된다. 그들만의 공간으로 따로 나가기를 원한다. 100명의 사람이 한데 모여있는 것을 원하지 않는다. 삼촌의 삼촌, 조카의 조카 등등 사람들로 북적거리는 시장市場을 바라지 않는다. 둘만의 은밀한 공간을 원한다. 시장 바닥 같은 가정은 두 사람의 사랑에 방해만 될 뿐이다.

가족제도는 사랑에 반대된다. 지금껏 가정은 사랑의 원천이라고 배워 왔다. 그러나 가정은 사랑에 반대한다. 사랑을 제거함으로써 가정은 생존해 왔다. 사랑이 일어나도록 허용하지 않는다.

사회 역시 사랑을 허용하지 않는다. 깊은 사랑에 몰입한 사람을 마음대로 조정할 수 없기 때문이다. 그런 사람은 전쟁터에 보낼 수 없다. 그는 이렇게 말할 것이다.

"이곳에서 충분히 행복해하는데, 어디로 보낸다는 말이오? 내가 왜 본 적도 없는 사람을 죽여야 하오? 그 사람도 그의 가정 안에서는 분명 행복한 사람이었소. 그런데 왜 그를 죽여야만 한단 말이오? 우리 사이에는 어떠한 갈등도 불화도 없소."

젊은 세대가 사랑에 더 깊이 몰입한다면 전쟁은 사라질 것이다. 전쟁터로 보낼 미친 사람을 찾을 수 없기 때문이다. 당신이 사랑이라는 것을 한다면 이미 생명의 진수를 맛본 것이다. 이런 사람은 죽음을 좋아하지도 사람을 죽이지도 않는다. 그러나 사랑하지 않는다면 생명의 소중함을 알지 못한다. 그래서 죽음을 사랑한다.

두려움은 그 무엇을 죽이는 것을 좋아한다. 두려움이 파괴적이라면 사랑은 창조의 에너지이다. 사랑하면 창조하고 싶어진다. 노래를 부르거나 그림을 그리거나 시를 지으려 한다. 총검과 핵무기를 들고 당신과 상관도 없는 사람이나 얼굴도 모르는 사람을 죽이기 위해 미친 듯이 전쟁터로 달려 나가지 않는다.

사랑이 온 세상에 가득하면 사람들은 무기를 내려놓을 것이다. 그러나 사회와 정치가는 당신이 사랑에 빠지기를 원하지 않는다. 가정은 당신이 사랑하도록 허용하지 않는다. 이들은 사랑 에너지를 통제하고 싶어 한다. 사랑은 현존하는 유일한 에너지이기 때문이다. 그리고 이런 이유로 두려움이 생긴다.

모든 두려움에서 벗어나 더 많이 사랑해라! 조건 없이 사랑해라! 하지만 사랑이 다른 사람을 위함이라고 생각하면 안 된다. 바로 당신 자신을 위한 것이다. 사랑하면 그 이득이 당신에게 돌아온다. 그러므로 기다리지 말아라! 다른 사람들이 먼저 당신을 사랑하기를 기다리지 말아라! 잘못된 생각이다.

이기적인 사람이 되어라! 사랑은 이기적이다. 사랑을 베풀면 깊은 충족감을 얻게 된다. 사랑을 통해 더 많은 은총을 받을 것이다. 깊이 사랑하면 두려움은 사라진다. 사랑은 빛이고, 두려움은 어둠이다.

사랑의 세 번째 단계는 기도이다. 교회, 종교, 종파에서는 기도하는 법을 가르친다. 그러나 실제로는 이것이 당신의 기도를 가로막고 있다. 기도라는 것은 가르쳐서 되는 것이 아니다. 본성에서 우러나와야 한다. 어릴 적부터 기도하는 법을 배움으로써 당신은 아름다운 경험을 하지 못하도록 금지당했다. 기도는 자발적으로 우러나오는 현상이다.

내가 좋아하는 이야기가 하나 있다. 톨스토이가 쓴 짤막한 이야기이다. 옛 러시아 제국 시절에 어느 마을의 한 호숫가에 사는 3명의 성자들 소문으로 온 나라가 술렁이고 있었다. 나라의 고위 성직자는 이 성자들 소문을 듣고 걱정을 하기 시작했다. 도대체 그곳에서 어떤 일이 벌어지고 있는 것일까? 그는 3명의, 이른바 '성자'에 대해 아무것도 아는 것이 없었다. 교회에서 증명한 성자가 아니었다. 누가 그들에게 성자라는 칭호를 준 것일까? 교회가 행하는 어리석음 중의 하나가 '이 사람은 성자이다.'라고 보증하는 일이다. 이런 보증만으로 한 사람이 성자로 탈바꿈하는 것이 가능하다.

온 나라의 사람들은 3명의 성자 이야기로 환호했다. 기적을 일으킨다는 소문이 사방 천지로 퍼져나갔다. 어쩔 수 없이 그 사제가 가서 상황 파악을 해야만 했다. 그는 배를 타고 3명이 사는 호수 안의 섬으로 들어갔다. 3명은 몹시 가난했는데 매우 행복해했다. 그들은 사랑할 수 없는 가슴만을 빈곤이라고 여겼다. 그들은 가난했지만 동시에 부자였다. 상상조차 하지 못할 정도로 부유했다.

사제가 섬에 도착했을 때, 그들은 나무 밑에 앉아서 즐겁게 웃고 기뻐하며 행복감이 넘쳐 보였다. 사제를 보자, 그들은 절을 하며 경의를 표했다. 사제가 말했다.

"당신들은 여기에서 무엇을 하는 거요? 당신들이 위대한 성자라는 헛소문이 돌더이다. 기도하는 방법은 아시오?"

3명은 일자무식이요, 약간 바보인 것처럼 보였다. 그러나 행복한 바보들이었다.

그들은 서로 얼굴을 쳐다보더니 말했다.

"글쎄요, 우리는 배운 것이 없어서 교회의 정통 기도문은 모릅니다. 그렇지만 우리끼리 기도 하나를 만들었습니다. 직접 만들었지요. 실례가 되지 않는다면 한번 보여 드리고 싶습니다."

"그러게. 어떤 기도인지 궁금하군."

"우리는 기도문을 만드느라 엄청 머리를 짰습니다. 우리는 위대한 사상가도 아니고 그저 어리석은 백성이요 일자 무식쟁이입니다. 그래서 간단한 기도문을 만들었지요. 교회에서 말하기를, 하느님은 삼위일체로 세 분이라고 했습니다. 성부 하느님, 성자 하느님, 성령 하느님이 있다고요. 그런데 우리도 3명 아닙니까? 그래서 이렇게 기도했지요. '하느님도 3명이요, 우리도 3명이니, 우리를 긍휼히 여기소서.' 이것이 우리의 기도입니다. '하느님도 3명이요, 우리도 3명이니, 우리를 긍휼히 여기소서.'"

사제는 화가 치밀어 올랐다. 거의 폭발하기 직전이었다.

"이런 말도 안 되는 기도를 한다니! 그런 기도는 들어본 적이 없네. 당장 멈추게. 이런 식으로는 절대 성자가 될 수 없어. 어리석기 짝이 없는 백성들이군."

3명은 사제의 발아래 엎드렸다.

"우리에게 진짜 정식 기도를 가르쳐 주소서."

그러자 사제는 러시아 정교회에서 공식적으로 사용하는 기도문 하나를 암송해 주었다. 길고 복잡하고 많은 낱말이 쓰이고 과장된 기도였다. 기도가 끝나자, 3명은 서로를 쳐다보더니 도저히 따라 할 수 없다는 표정을 지었다. 그들에게 하늘의 문이 닫힌 것이다. 그들이 말했다.

"한 번만 더요, 금방 잊어버렸습니다. 한 자라도 틀리면 안 되지요."

사제는 한 번 더 기도문을 암송해 주었다. 3명은 사제에게 깊은 감사를 표했다. 사제 역시 선행을 했다고 생각하여 기분이 좋아졌다. 이 어리석은 백성들을 다시 교회로 이끈 것이다.

사제는 배에 올라탔다. 호수 중앙에 다다를 무렵, 그는 눈을 의심했다. 3명이, 그 어리석은 자들이 물 위를 달려오는 것이었다. 그러면서 말했다.

"잠깐만요, 한 번 더 들려주세요. 벌써 잊어버렸습니다."

도저히 믿을 수 없는 일이었다. 사제는 얼른 엎드려 말했다.

"용서해 주십시오. 원래대로 기도하시면 됩니다."

사랑의 세 번째 에너지는 기도이다. 그런데 종교와 교회가 이것을 망쳐 놓았다. 이미 작성된 기도문을 당신에게 준 것이다. 기도는 진심에서 우러나오는 감정이다. 기도할 때마다 3명의 성자 이야기를 명심해라! 기도가 자연스러운 현상이 되도록 해라! 진정으로 우러나오는 기도를 하지 못한다면 과연 어디에서 당신의 진실한 모습을 보이겠는가? 신을 이런 태도로 대한다면 도대체 어디에서 진정하고 진실한 당신의 존재를 보일 수 있겠는가?

기도할 때 당신이 하고 싶은 말을 해라! 지혜로운 친구에게 이야기하듯이 신과 대화해라! 형식에 구애받지 말아라! 형식적인 관계는 아예 관계라고도 말할 수 없다. 당신은 신과 어떤 관계인가? 만약 형식적인 관계라면 진심에서 우러나오는 기도는 불가능하다.

기도에 사랑을 담아라! 그렇게 하면 대화가 가능해진다. 우주와의 대화, 얼마나 아름다운 일인가!

그러나 다른 사람들은 그렇게 보지 않는다. 진정 깊은 곳에서 우러나오는 대로 기도를 하면 당신을 미쳤다고 생각할 것이다. 나무나 꽃, 장미꽃에 말을 건다면 당신이 정신이 나갔다고 여길 것이다. 그러나 교회에 가서 십자가나 마리아상에 말을 걸면 미쳤다고 생각하기는커녕 신심信心이 깊은 사람이라고 여길 것이다. 절에 가서 석상에게 말을 건넨다면 모든 사람은 당신을 종교적인 사람으로 여길 것이다. 이것은 종교 안에서 공인된 방식이기 때문이다.

장미꽃은 어떤 석상보다도 생명력이 넘치고 신성하다. 나무는 어떤 십자가보다도 더 깊이 신에게 뿌리내렸다. 십자가는 뿌리조차 없다. 십자가는 죽은 것이다. 죽어 있는 십자가, 죽어 있는 종교를 지키고자 수많은 사람이 목숨을 잃은 것이다. 나무는 땅속에 깊은 뿌리를 내리고, 하늘로 가지를 뻗으며, 전체와 연결되어 생명력 가득히 살아 있다. 여러 겹의 태양 광선과 헤아릴 수 없을 만큼의 많은 별과도 연결되어 있다. 나무에 말을 걸면 당신은 신성神性을 만날 수 있다.

그러나 이런 방식으로 말을 걸면 사람들은 당신이 미쳤다고 생각할 것이다. 이처럼 진정으로 우러나오는 것은 광기로 오해받는다. 반면 형식으로 행동하는 것은 제정신에서 나온 것으로 여긴다. 그러나 사실은 반대이다.

사원에 가서 기도문을 되풀이하여 암송한다면 당신은 정말 바보이다. 가슴에서 우러나오는 대화를 해라! 그럴 때 기도는 아름답다. 이런 기도를 통해 당신은 자유롭게 어디든 흐르는 강물이 된다.

기도는 사랑 안에 있다. 사랑 안에 전체가 있다. 그러나 때때로 당신은 전체에게 화를 낼 때가 있다. 이것 역시 아름다운 현상이다. 당신은 이렇게 말한다.

"이제는 아무 말도 하지 않을 거예요. 할 만큼 충분히 했어. 내 이야기를 들어 주지도 않잖아요."

아름다운 반항이다. 절대 죽은 기도가 아니다. 때로는 기도하기 싫을 때도 있다. 신이 기도를 귀 기울여 듣지 않기 때문이다. 기도는 신과 깊은 관계이므로 신이 기도를 듣지 않으면 당신은 화가 난다. 기분이 좋아져 감사함을 느낄 때도 있지만, 또 어떨 때는 기분이 언짢아진다. 이것이 살아 있는 관계이다. 이런 살아 있는 관계를 맺어라! 그럴 때 기도는 진실해진다. 녹음기처럼 매일 똑같은 말을 반복하면 그것은 기도가 아니다.

한 변호사가 있었는데, 그는 매우 빈틈없는 사람이었다. 매일 밤 잠자리에 들기 전, 그는 하늘을 보고 "내일도 다른 날과 똑같이 되기를."이라고 말하고 잠을 잤다. 그가 이렇게 기도할 때마다 똑같은 일상이 '반복'되었다. 당연한 일이었다. 똑같은 기도를 반복하는데 어떤 일이 더 생기겠는가? 일상이 반복되기를 기도하는 것이니, 모든 일이 지루하게 반복되었다.

기도는 살아 있는 경험이 되어야 한다. 기도는 가슴과 가슴의 대화이다. 가슴으로 기도하면 당신의 기도에 대한 응답이 있다. 당신은 말하고 귀를 기울인다. 이럴 때의 기도가 성숙한 기도이다. 마땅히 이런 기도에 이르도록 해야 한다. 당신 혼자만 말하면 그것은 독백이지 기도가 아니다. 응답에 귀를 기울일 때 기도는 대화가 된다. 당신은 말하고 또 듣는다.

이 세상에 기도에 버금가는 것은 없다. 어떤 사랑도 기도만큼 아름답지 않다. 어떤 섹스도 사랑만큼 아름답지 않고, 어떤 사랑도 기도만큼 아름다울 수 없다.

 사랑의 네 번째 단계는 명상이다. 대화는 언젠가는 끝난다. 그러면 당신은 침묵 속의 대화를 해야 한다. 더는 말이 필요 없다. 가슴으로 충만해지면 말로 표현할 수 없게 된다. 가슴이 차고 넘쳐흐를 때 유일한 소통 수단은 침묵이다. 그밖에 다른 것은 없다. 당신은 우주와 하나가 된다. 말하지도 않고 듣지도 않는다. 절대자와 하나가 되고, 우주와 그리고 전체와 하나가 된다. 하나 됨, 이것이 바로 명상이다.

 이렇듯 사랑에는 네 단계가 있다. 각 단계는 각각의 두려움을 쫓아낸다. 섹스를 황홀하게 하면 몸의 두려움이 사라진다. 더는 몸이 노이로제로 고생하지 않는다. 나는 몸이 노이로제에 걸린 수많은 사람을 보아왔다. 몸이 미친 것이다. 충족되지 않으면 안식도 없다.

 사랑을 하게 되면 마음의 공포가 사라진다. 자유로운 인생을 누리게 된다. 편안하고 느긋한 마음이 된다. 공포도 없고 모든 악몽이 사라진다.

 기도를 하게 되면 두려움은 완전히 사라진다. 기도를 통해 당신은 전체와 하나가 된다. 전체와 깊은 관계를 맺기 시작하는 것이다. 영혼의 공포가 사라진다. 기도를 하게 되면 죽음에 대한 두려움이 사라진다. 기도 앞에 두려움은 설 자리를 잃는다.

 명상을 하게 되면 두려움 없는 마음조차 사라진다. 두려움도 사라지고 두려움 없는 마음도 사라진다. 아무것도 남지 않게 된다. 오직 무만 남는다. 그리고 정결함, 순결함, 순수함만이 깊이 자리 잡게 된다.

사랑은 관계가 아니라 존재이다

사랑은 관계가 아니다. 사랑은 존재의 한 상태이다. 다른 사람과는 어떤 관련도 없다. 사랑 안에 당신이 있는 것이 아니라, 당신이 사랑 자체가 된다. 물론 당신이 사랑 자체가 된다면 당신은 사랑 안에 있다. 하지만 사랑 안에 존재한다는 것은 결과물이고 부산물이지, 근원은 아니다. 원천은 당신이 사랑 자체라는 사실이다.

그러면 어떻게 사랑이 될 수 있을까? 한 가지 분명한 사실은, 당신이 누구인지 알지 못하면 절대 사랑이 될 수 없다는 것이다. 자신이 누구인지 모르면 두려움이 생긴다. 두려움은 사랑의 반대이다. 명심하고 또 명심해라! 사람들이 보통 생각하듯 사랑의 반대는 증오가 아니다. 증오는 사랑의 또 다른 모습일 뿐이다. 사랑의 진짜 반대는 두려움이다. 사랑을 하면 사람은 한없이 뻗어나간다. 반대로 두려워하면 한없이 움츠러든다. 두려움에 휩싸이면 모든 문을 닫고, 사랑을 하면 모든 출구를 열어 놓는다. 두려워하면 의심하고, 사랑하면 믿음으로 가득하다. 두려움이 생기면 외롭다고 느껴진다. 그러나 사랑을 하면 나라는 존재는 사라진다. 그러니 외로움 역시 없다. 외로움을 느낄 주체가 사라졌는데 외로움이 있을 리 없다. 내가 없어진 자리에 나무, 새, 구름, 태양, 별이 들어서 있다. 내면의 하늘을 깨닫는 순간, 당신은 사랑 자체이다.

어린아이는 두려움을 모른다. 두려움을 갖지 않고 태어났다. 사회가 아이들을 두려움 없는 본성 그대로 키운다면 나무와 산에 마음껏 올라가도록 하고 바다와 강에서 신나게 물장구치게 한다면, 아이들은 성장하여 위대한 사랑을 할 것이다. 아이들이 미지의 세계를 탐험하는 모험가가 되도록 사회가 적극적으로 협조한다면, 죽어 있는 믿음 대신 모험심을 심어 준다면, 아이들은 삶을 사랑하는 사람으로 성장할 것이다. 이것이 진정한 종교이다. 사랑보다 더 고귀한 종교는 없다.

명상해라! 춤추고 노래해라! 그리고 점점 더 깊은 내면으로 들어가라! 새들이 지저귀는 소리에 유심히 귀를 기울여라! 경이로움을 갖고 꽃을 바라보아라! 박식한 체하지 말아라! 사물에 이름을 붙여 분류하지 말아라! 지식이라는 것은 모든 것에 이름을 붙이고 분류하는 기술이다. 사람들을 만나 그 속에 섞여라! 가능한 한 많은 사람을 만나라! 한 사람 한 사람은 신의 다른 모습이다. 사람들에게 배워라! 두려워해서는 안 된다. 존재 세계는 당신의 적이 아니다. 존재 세계는 당신을 낳았다. 가능한 모든 방법으로 당신을 기꺼이 키우려고 한다. 신뢰해라! 그러면 당신 안에 새로운 에너지가 솟아나는 것을 느낄 것이다. 이 에너지가 사랑이다. 이 에너지는 존재 세계를 찬양하길 바란다. 이 에너지 안에서 은총을 느끼기 때문이다. 당신이 은총을 받았는데 온 존재 세계를 찬양하는 것 말고 달리 할 것이 무엇이겠는가?

존재 세계를 찬양하는 간절한 소망, 그것이 바로 사랑이다.

이 과자는 맛있구나!

　사랑은 드문 현상이다. 누군가의 중심을 만나는 것은 혁명 같은 경험이다. 누군가의 중심을 만나기 위해서는 상대방 역시 당신의 중심에 들어오도록 허락해야만 한다. 순수하고 여리게 당신 존재의 문을 열어 놓아야만 한다.
　위험이 따르는 일이다. 다른 사람을 중심에 들이는 것은 위험하다. 그 사람이 당신에게 어떤 짓을 할지 아무도 모른다. 당신의 비밀이 드러나고 숨겨 왔던 일들이 폭로되어 존재의 베일이 완전히 벗겨지면, 그 사람이 어떻게 나올지 전혀 모르는 일이다. 사람들은 이것을 두려워한다. 그래서 절대 문을 열지 않는다.
　사람들은 누군가를 아는 것과 사랑을 혼동한다. 표면이 만났을 뿐인데 존재가 만났다고 착각한다. 당신은 표면이 아니다. 표면은 존재의 경계선이다. 당신을 둘러싼 울타리이다. 당신 자신이 아니다! 표면은 당신 존재가 끝나고 세상이 시작되는 경계선이다.

오랜 세월을 함께 산 부부도 단지 서로를 알 뿐이다. 서로에 대해 알지 못할 수도 있다. 누군가와 오래 살수록 서로의 중심이 만나지 못했다는 사실도 잊는다.

가장 중요한 사실은 이것이니, 안다는 것을 사랑이라고 착각하지 말아라! 서로를 알 때만 섹스를 할 수 있다. 성적인 관계는 가질 수 있다. 그러나 이런 섹스는 표면끼리의 만남에 불과할 따름이다. 중심이 만나지 못하면 섹스는 육체적 만남으로 그친다. 두 육체가 만난 것이지 존재의 만남이 아니다. 이럴 때 섹스는 육체적으로 서로를 아는 것에 그친다. 두려움이 사라지고 더는 두려워하지 않을 때라야 상대방이 당신 중심으로 들어오도록 만들 수 있다.

두 종류의 삶이 있다. 공포 지향적인 삶과 사랑 지향적인 삶이다. 공포 지향적인 삶은 당신을 깊은 관계로 이끌지 못한다. 두려움이 남아있으면 다른 사람이 당신 내면의 중심으로 들어오게 만들 수 없다. 어느 정도는 가능하겠지만, 곧 벽이 나타나고 중심의 만남은 물거품이 된다.

사랑 지향적인 사람은 미래에 대해 결과에 대해 두려워하지 않는다. 그런 사람은 지금 여기에 산다. 성과에 대해 조바심을 내지 않는다. 이것은 공포 지향적인 사람이나 하는 짓이다. 앞으로 어떤 일이 일어날지 고심하지 않는다. 여기에 존재하고 행동할 뿐이다. 계산도 하지 않는다. 공포 지향적인 사람이나 계산하고 계획하고 조정하고 자신을 지키려고 한다. 그런 인생은 이미 올바른 길을 벗어났다.

늙은 선사禪師가 중병을 앓고 있었다. 어느 날 그는, 저녁때에 이 세상을 떠나겠노라고 선언했다. 그래서 그를 따르는 사람들과 제자들, 몇몇 지인知人들이 그의 마지막 모습을 지켜보려고 찾아왔다. 그를 존경하는 사람들이 아주 많았으므로 여러 지역에서 온갖 사람들이 모여들었다.

그런데 선사의 오랜 제자 중의 1명이 스승의 임종이 임박했다는 소식을 듣더니 시장으로 달려 나갔다. 누군가 "스승님은 암자에 누워 계시는데 스님은 왜 시장으로 가시오?"하고 묻자, 그 제자가 말했다. "나는 우리 스승님이 어떤 과자를 좋아하는지 잘 알고 있소. 마지막 가시는 길에 그 과자를 대접하려고 시장으로 가는 것이라오."

그러나 그 과자를 구하는 것은 쉬운 일이 아니다. 유행이 지나도 한참 지난 과자였기 때문이다. 간신히 과자를 구한 제자는 저녁때가 되어서야 돌아왔다.

스승 곁에 모여 앉은 사람들은 걱정이 가득했다. 스승이 누군가를 목놓아 기다리고 있는 것 같았기 때문이다. 그가 눈을 뜨고 두리번거리다가 다시 눈을 감기를 여러 번 반복하고 있었다. 이때 시장에 갔던 제자가 들어왔다. 스승은 눈을 뜨고 "그래, 네 놈이 이제야 왔구나. 과자는 갖고 왔겠지?"라고 물었다. 제자가 과자를 내밀었다. 그는 스승이 과자를 찾는 것이 너무나 행복했다.

죽어 가던 스승이 한 손으로 과자를 받아들였다. 그런데 그의 손은 조금도 떨리지 않았다. 노쇠한 데다가, 임종을 맞는 사람의 손이 전혀 떨리지 않고 있었다.

누군가 물었다.

"스님은 마지막 숨이 경각에 달려 있는데도 손을 전혀 떨지 않으시는군요."

선사가 말했다.

"두려울 게 없는데 왜 떨겠는가? 비록 몸은 늙었을망정 나는 아직 젊다. 육체가 죽은 후에도 나는 젊음을 유지할 것이다."

그러더니 그는 과자를 한입 베어 물고 우물거리기 시작했다. 그때 누군가 물었다.

"스님, 곧 스님께서는 우리 곁을 떠나실 겁니다. 마지막으로 저희에게 법어法語를 남겨 주십시오."

선사가 미소를 지으며 말했다.

"아, 이 과자는 아주 맛있구나!"

바로 이런 사람이 지금 여기에 사는 사람이다. "이 과자는 맛있구나!"라고 말하는 사람이다. 죽음도 어쩌지 못한다. 다음 순간은 무의미하다. 지금 순간, 이 과자는 맛있다. 이 순간에 존재하면, 이 순간에 완전히 존재하면 당신은 사랑이 된다.

사랑은 드물게 피어나는 꽃이다. 가끔만 일어나는 현상이다. 많은 사람은 그들이 사랑하고 있다고 속으면서 산다. 사랑하고 있다고 믿지만, 그저 믿음에 불과할 뿐이다.

사랑은 드물게 피는 꽃이다. 어쩌다가 가끔만 일어난다. 두려움이 없을 때라야 사랑은 일어난다. 그래서 사랑은 드문 현상이다. 두려움이 있으면 사랑은 절대 일어나지 않는다. 영적으로 깊은 경지에 이른 사람만이, 종교적인 사람만이 사랑을 할 수 있다. 섹스는 누구나 할 수 있다. 사람을 아는 것은 누구나 할 수 있다. 그러나 사랑은 그렇지 않다.

두려움이 없다면 숨길 것도 없다. 그러면 당신은 존재의 문을 열 수 있다. 모든 경계를 없애고 당신 존재의 중심을 완전히 관통하도록 다른 사람을 초대하게 된다.

당신이 다른 사람을 내면 깊이 받아들인다면 상대방 역시 당신이 자신의 중심에 들어오도록 문을 활짝 열어 놓는다. 당신이 상대방을 받아들이면 서로에게 신뢰가 생긴다. 당신이 두려워하지 않는다면 상대방 역시 두려워하지 않는다.

그런데 사람들의 사랑에는 두려움이 항상 도사리고 있다. 남편은 아내를 무서워하고 아내는 남편을 겁낸다. 연인들은 항상 두려워한다. 이것은 사랑이 아니다. 두려움 가득한 두 사람의 결합에 불과하다. 이들은 서로에게 매달리고 싸우고 착취하고 조정하고 지배하고 소유하려 한다. 이것은 사랑이 아니다.

당신에게 사랑이 일어나면 기도와 명상은 더는 필요 없다. 교회와 사원도 필요하지 않다. 사랑을 하게 되면 신은 완전히 잊힌다. 사랑을 통해 모든 것이 일어나기 때문이다. 사랑하면 명상, 기도, 신, 그리고 다른 모든 것이 당신에게 일어난다. '사랑은 하느님이다'라고 예수가 말한 의미가 바로 이것이다.

그러나 사랑하기는 힘들다. 공포를 떨쳐내야 한다. 그런데 이것은 이상한 일이다. 잃을 것이 없으므로 두려워할 이유가 없기 때문이다. 카비르1440(?)~1518, 인도의 종교 개혁가. 시크교의 시조인 나나크를 비롯하여 근세 힌두교 개혁가에게 큰 영향을 미쳤음_역주라는 신비주의자는 이렇게 말했다.

"사람들을 살펴보면 많이 두려워한다. 잃을 것이 없는데, 왜 두려워하는지 모르겠다. 두려워하는 사람은 벌거벗은 사람과 같다. 어떤 벌거벗은 사람이 있는데 강에서 막 감기를 두려워했다. 옷을 어떻게 말릴지 걱정되었기 때문이다."

이것이 당신의 상황이다. 벌거벗었으면 옷 걱정을 할 필요가 없다. 그런데도 항상 옷 걱정이 사라지지 않는다.

당신에게 잃어버릴 것이 있는가? 아무것도 없다. 이 육체는 언젠가는 죽음이 가져갈 것이다. 죽음에 빼앗기기 전에 사랑에 내맡겨라! 무엇을 가지든 언젠가는 모두 빼앗긴다. 그러므로 빼앗기기 전에 다른 사람과 나누어라! 이것이 진정한 소유의 의미이다. 나누어줄 때 당신은 물질의 노예가 아니라 주인이 된다. 언젠가 죽음이 당신의 모든 것을 가지고 갈 것이다. 죽음 앞에서는 아무것도 움켜쥘 수 없다.

죽음은 모든 것을 파괴한다.

지금까지의 내 말을 제대로 알아들었다면 사랑과 죽음은 공존할 수 없다는 것을 이해할 것이다. 먼저 당신이 내어 줄 때 죽음은 존재할 수 없다. 무엇인가 빼앗기기 전에 이미 그것을 누군가에게 내어 준 것이다. 그럴 때 그것은 선물이 된다. 거기에 죽음은 없다.

사랑으로 충만한 사람에게 죽음은 없다. 그러나 사랑을 하지 않는 사람에게는 모든 순간이 죽음이다. 매 순간 그 사람은 가진 것을 빼앗긴다. 육체는 점점 죽음을 향해 나아간다. 사랑이 없는 사람에게는 매 순간이 상실로 다가온다. 그럴 때 죽음이 있다. 죽음은 언젠가 모든 것을 파괴할 것이다.

공포는 무엇인가? 무엇을 두려워하는가? 당신의 비밀이 온 세상에 낱낱이 공개되어 있다고 할지라도 두려워할 이유는 없다. 세상이 당신에게 어떤 해라도 끼칠까 봐 두려워하는가? 모든 두려움은 사회가 만든 거짓 개념과 조건에서 비롯된다. 숨어야만 한다고, 자신을 방어해야 한다고, 전투태세로 살아야 한다고, 모든 사람은 적이라고, 사회는 당신에게 거짓 개념을 심어 놓았다.

세상 누구도 당신을 적대시하지 않는다. 누군가가 당신을 미워한다고 느낄 때도 증오의 대상은 당신이 아니다. 모든 사람은 당신이 아닌, 자기 자신에게 관심이 있기 때문이다. 그러므로 두려워할 것은 없다. 이 사실을 깨달을 때만 진정한 관계가 이루어지는 법이다. 두려워할 것은 아무것도 없다.

이 문제에 관해 깊이 명상해라! 그리고 다른 사람이 당신 존재 안으로 들어오도록 허락해라! 다른 사람이 들어오도록 초대해라! 방어벽을 만들지 말아라! 자물쇠도 문도 없는, 항상 열려 있는 통로가 되어라! 그럴 때만이 사랑이 가능하다.

두 중심이 만날 때 사랑이 있다. 사랑은 연금술과 같다. 수소와 산소가 결합하면 새로운 물질인 물이 생성된다. 당신은 수소와 산소를 모두 가졌다. 그러나 아직 물이 만들어지지 않았기 때문에 항상 목마르다. 원하는 만큼의 많은 수소와 산소를 가졌지만, 물이 되지 않았기에 목마름은 늘 가시지 않는다.

두 중심이 만날 때 새로운 무엇인가 생성된다. 그것은 사랑이다. 사랑은 물과 같아서 수많은 사람의 목을 축일 수 있다. 사랑이 생기면 당신에게는 만족감이 생긴다. 이것이 사랑의 가시적인 전조이다. 마치 모든 것을 얻은 양 만족을 느낀다. 목표에 도달했기에 이제는 성취할 것이 없다. 사랑보다 더한 목표는 없다. 인생이 완전히 충족되었다. 씨앗은 꽃으로 피어났다. 활짝 핀 꽃이다.

깊은 충족감이 사랑의 가시적인 전조이다. 사랑 안에 있으면 항상 깊은 만족감이 당신 안에 충만하다. 사랑은 눈에 보이지 않지만, 만족감과 깊은 충족감이 당신을 감싸고 있다. 들숨과 날숨, 동작 하나하나, 그리고 당신 본연의 존재에 만족감이 가득하다.

사랑을 하게 되면 욕망이 사라진다. 이 말은 이상하게 들릴 것이다. 그러나 욕망은 불만족을 낳는 원흉이다. 가지지 못한 것을 당신은 원한다. 그것이 당신에게 만족감을 줄 수 있다고 생각하기 때문에 갖고 싶어 한다. 이렇듯 욕망은 불만족에서 비롯된다.

사랑이 일어나 두 중심이 만나 용해되어 마침내 하나가 되면 연금술처럼 새로운 물질이 생성된다. 가슴 뿌듯한 만족감이 바로 그것이다. 마치 온 세상의 존재 세계가 한순간 멈추기라도 한 것처럼 가슴 찬란한 충족감이 생긴다. 그럴 때 지금 순간이 유일한 시간이다. 그러면 당신은 "아, 이 과자는 맛있다."라는 말을 할 수 있다. 사랑 안에 있는 사람에게 죽음은 어떤 의미도 되지 않는다.

무한의 세계

　사랑은 무한의 세계로 들어가는 입구이다. 끝없이 펼쳐진 세계로 들어가는 문이다. 사랑에는 시작만 있을 뿐 끝은 없다. 한번 시작하면 무궁무진하게 펼쳐질 뿐이다.
　한 가지 명심할 점이 있다. 마음을 경계해라! 마음은 사랑의 시간적·공간적 무한성을 훼방 놓고 방해한다. 누군가를 진정 사랑한다면 사랑하는 사람에게 무한의 공간을 제공해야 한다. 바로 당신의 존재가 사랑하는 사람을 위한 공간이 된다. 그 공간에서 사랑하는 사람이 성장한다. 또한 당신이라는 공간과 사랑하는 사람은 같이 성장한다. 마음은 이것을 방해한다. 마음은 누군가를 내 것으로 만들려고 한다. 그럴 때 사랑은 파괴된다. 마음은 욕심으로 가득하다. 탐욕 그 자체이다. 당신 존재에 악영향을 끼치는 해로운 요소이다. 그래서 사랑의 세계로 들어가기를 원한다면 마음을 버려야 한다. 인간은 마음의 훼방 없이 살아야 진정한 삶을 누릴 수 있다. 마음은 그 본분을 다할 때만 유용하다. 마음이 있어야 할 자리는 시장이다. 시장에서 사랑은 필요하지 않다. 가계부를 적을 때도 마음이 필요하다. 그러나 내적 공간에서 마음은 전혀 쓸모가 없다. 수학을 할 때는 마음이 필요하지만, 명상할 때는 필요가 없다. 이렇듯 마음도 유용한 부분이 있다. 그러나 외부 세계에서만 그 쓰임이 가치가 있다. 내적 세계에서는 마음이 설 공간이 없다. 그러므로 더 많이 사랑해라! 무조건 사랑해라! 사랑 그 자체가 되어라! 사랑 그 자체가 되어 무한의 세계로 들어가는 입구가 되어라!

새, 나무, 땅, 별, 여자, 남자 등 우주의 만물은 이 사실을 알고 있다. 인종을 넘은 단 하나의 언어가 있다. 바로 우주의 언어인 사랑이다. 사랑이라는 언어가 되어라! 사랑이 실현되면 새롭고 무한한 세계가 당신 앞에 펼쳐진다.

항상 명심해라! 마음은 사람들을 폐쇄적으로 만든다. 마음은 문을 여는 것을 두려워한다. 마음의 근원은 두려움이기 때문이다. 어떤 사람에게 두려움이 없어지면 마음은 그 쓰임새가 점점 제한된다. 반면 점점 더 두려워질수록 마음은 활개를 치게 된다.

두려움이 생기고, 근심이 생기고, 문젯거리가 생겼을 때 마음이 더욱 뚜렷하게 돌출되는 것을 경험했을 것이다. 근심이 생기면 마음도 많아진다. 반대로 근심이 없으면 마음도 그만큼 없어진다.

　모든 일이 원만하게 이루어져서 두려움이 일어나지 않으면 마음은 뒤로 물러난다. 그러다가 일이 잘못되면 마음은 앞으로 뛰어나와 당신의 지도자가 된다. 위기의 순간에 마음은 지도자로 돌변한다. 마음은 정치가와 비슷하다. 아돌프 히틀러는 그의 자서전『나의 투쟁』에서 계속 통치하기를 원한다면 나라에 항상 공포심을 조장시켜야 한다고 주장했다. 주변 나라가 쳐들어올 것이라는 둥, 모든 나라가 전쟁을 준비하고 있다는 둥, 헛소문을 계속 만들어내어 나라 전체를 공포로 몰아가야 한다. 절대 사람들을 편하게 놔두어서는 안 된다. 사람들의 삶이 편하면 정치가에게 관심을 주지 않는다. 나라가 안정되면 정치가는 쓸모가 없다. 사람들을 공포로 몰아갈 때 정치가는 권력을 잡는다.

　전쟁이 일어날 때마다 위대한 정치가가 탄생한다. 처칠, 히틀러, 스탈린, 마오쩌둥은 전쟁 덕분에 영웅이 되었다. 제2차 세계대전이 없었다면 처칠, 히틀러, 스탈린과 같은 사람이 나오지 않았을 것이다. 전쟁은 이러한 인물들이 배출될 수 있는 상황을 만든다. 지도자가 되어 지배할 수 있도록 기회를 제공한다. 마음의 정치도 이것과 같다.

　마음이 역할을 해내지 못하도록 하는 것, 이것이 명상이다. 두려워하지 않고, 사랑하고, 평화롭고, 무슨 일에나 만족할 때 마음은 할 일을 잃는다. 마음은 점차 뒤로 움츠러들어 저 멀리 희미하게 사라져 버린다.

어느 날 마음은 완전히 사라진다. 그럴 때 당신은 하나의 우주가 된다. 당신 자신은 이제 육체만으로 한정되지 않으며, 어떤 것으로도 제한받지 않는다. 당신 자신이 순수 공간이다. 바로 신이 그렇다. 신은 순수 공간이다.

사랑은 순수 공간으로 향하는 길이다. 사랑은 그 공간으로 나아가기 위한 수단이고, 신은 그 최종 목표이다.

두려워하는 사람이야말로 크나큰 사랑의 능력이 잠재된 사람이다. 두려움은 사랑의 부정적인 측면이다. 사랑이 마음껏 흘러나오는 것을 금지당할 때 그 사랑이 두려움으로 바뀐다. 그래서 누군가를 사랑하게 되면 어느 순간 두려움이 사라진다. 이 세상에서 두려움이 없는 유일한 사람은 바로 연인들이다. 그들에게는 죽음도 어떻게 하지 못한다. 연인들만이 깊은 고요 속에서 두려움 없이 죽을 수 있는 사람들이다.

사랑은 더 많이 하는 사람이 두려움을 더 많이 느끼는 것은 당연하다. 여자는 남자보다 더 위대한 사랑의 잠재력을 가지고 있다. 그래서 무서움도 더 많이 느낀다. 이 세상에서 당신의 사랑이 실현될 가능성은 극히 적다. 그래서 사랑의 가능성은 잠재력으로만 남을 뿐, 실제로 이루어지지 못한다. 사용되지 못한 사랑의 잠재력은 그 반대의 것으로 전환된다. 질투로 변하게 된다. 질투는 두려움의 한 부분이다. 또한 소유욕으로 변하게 된다. 소유욕 역시 두려움의 한 부분이다. 심지어 증오로까지 변하게 된다. 증오 역시 두려움의 한 부분이다. 그러므로 더 많이 사랑해라! 조건 없이 사랑해라! 사랑하는 방법은 수없이 많다. 한 사람이 사랑하는 방법은 수백만 가지나 된다.

우리는 길에서 우연히 만난 사람도 충분히 사랑할 수가 있다. 그 낯선 사람에게 사랑을 느낄 수 있다. 사랑은 이렇듯 다양한 방법으로 이루어진다. 낯선 사람에게 말을 걸 필요조차 없다. 사랑에 대해 서로 이야기할 필요도 없다. 그저 느끼고 자신의 방법으로 사랑하면 된다. 어떤 사람은 바위를 사랑한다. 나무를 사랑하고 하늘과 별을 사랑한다. 친구를 사랑하고 남편을, 자식을, 아버지를, 어머니를 사랑한다. 이렇게 사랑의 방법은 수백만 가지이다.

명심해라! 용맹하다는 것은 두려움이 없다는 뜻이 아니다. 두려움이 없는 사람은 용맹한 사람과는 다르다. 어떤 기계가 있다고 하자. 기계는 두려움을 모른다. 이런 기계를 보고 용맹하다고 말할 수는 없다. 용맹함은 공포 안에서만 존재한다. 그곳에 두려움이 있음에도 불구하고 위험을 감행하는 것, 이것이 바로 용맹이다. 두려움으로 몸을 떨고 어둠 안으로 들어가는 것을 무서워하면서도 계속 앞으로 나아가는 것이 용맹함이다. 이런 사람을 용맹하다고 말한다. 그러나 이것은 두려움이 없다는 뜻과는 다르다. 두려움으로 가득 차 있되 아직은 지배당하지 않은 상태일 뿐이다.

당신이 사랑하게 된다면, 한 가지 큰 의문이 솟아오를 것이다. 그러면 다시 공포가 당신의 영혼을 사로잡는다. 그 의문은, 사랑은 죽음을 의미한다는 것이다. 사랑은 상대방 안으로 들어가는 것이다. 이 죽음은 일반적인 죽음보다 훨씬 더 깊다. 일반적인 죽음에서는 육체만 죽는다. 그런데 사랑의 죽음에서는 에고가 죽는다. 사랑하는 것은 크나큰 배짱이 필요하다. 온갖 두려움이 당신 주위를 감싸고 있음에도 불구하고 죽음 속으로 뛰어 들어갈 배짱이 있어야 한다.

큰 위험에 처할수록 성장의 가능성은 더욱 커진다. 누군가의 성장을 돕는 것은 사랑 이외에는 없다. 사랑 안으로 들어가서 사랑이 되기를 두려워하는 사람은 여전히 유치하고, 덜 성숙하고, 설익은 사람으로 남는다. 당신에게 원숙함을 가져다주는 것은 사랑의 불 외에는 없다.

쉽거나 어렵지 않고, 자연스럽게!

사랑은 의식의 자연스러운 상태이다. 쉽지도 않고 어렵지도 않은 상태이다. 쉽거나 어렵다는 말은 사랑에 사용할 수 없다. 사랑은 노력해서 이루어지는 것이 아니다. 호흡과도 같다. 심장 박동과도 같으며, 당신의 몸속에 흐르는 피와도 같다.

사랑은 바로 당신이라는 존재이다. 그러나 이런 사랑을 하기란 매우 힘들다. 사회가 이것을 허락하지 않는다. 사회는 당신에게 사랑은 불가능한 것이고, 오직 가능한 것은 증오뿐이라는 말로 당신을 세뇌한다. 증오하기란 쉽다. 그러나 사랑하기는 어렵고 거의 불가능하다. 이렇듯 인간은 지금껏 왜곡된 생각으로 가득 찼다. 이런 뒤틀린 심성이 회복되지 않는 한, 인간은 노예 상태에서 벗어나지 못한다. 여러 시대에 걸쳐 정치가와 성직자는 심각한 음모를 꾸몄다. 인류를 비겁한 노예로 전락시킨 것이다. 그들은 인간 안에 있는 모든 반역의 가능성을 파괴했다. 그 반역이 사랑이다. 사랑은 가슴의 소리에만 귀를 기울이고 다른 것에는 전혀 관심을 보이지 않는다.

사랑은 당신을 한 개인으로 만든다. 그래서 사랑은 위험하다. 국가와 교회는 절대로 개인을 원하지 않는다. 국가와 교회가 원하는 것은 인간이 아니라 한 마리의 순한 양이다. 국가와 교회는 겉으로는 인간의 모습을 하고 있어도 영혼을 살펴보면 철저히 짓밟혀 깊이 손상된 사람을 원한다.

인간을 순한 양으로 만드는 가장 좋은 방법은 자발적으로 우러나오는 사랑을 파괴하는 것이다. 사랑을 하게 되면 국가는 존재할 수 없다. 국가는 증오를 존재 기반으로 삼기 때문이다. 인도와 파키스탄은 서로 원수 사이이다. 이렇게 서로 미워할 때만 두 국가는 존재할 수 있다. 사랑이 나타나면 경계선은 사라진다. 사랑이 생기면 기독교인과 유대인으로 나누는 것은 무의미하다. 사랑과 함께 모든 종교는 사라진다.

사랑하고 있는데 누가 사원에 가겠는가? 도대체 무엇을 위해서 교회에 가겠는가? 우리가 신을 찾는 이유는 사랑을 잃어버렸기 때문이다. 신이란 잃어버린 사랑의 대리인일 뿐이다. 풍족한 행복이 없을 때, 평화가 없을 때, 황홀한 기쁨을 맛보지 못할 때 찾는 것이 바로 신이다. 그렇지 않으면 누가 신을 찾겠는가? 당신의 인생이 하나의 춤으로 승화되면 신은 이미 그 안에 있다. 사랑하는 가슴은 신으로 가득하다. 신을 찾을 필요도 없고, 기도도 필요하지 않으며, 사원도 성직자도 필요가 없다.

성직자와 정치가는 인류의 적이다. 정치가는 우리의 육체를 지배하길 원하고, 성직자는 우리의 영혼을 통제하길 원한다. 그래서 성직자와 정치가는 음모를 꾸민다. 그들의 음모는 바로 사랑을 파괴하는 것이다. 사랑이 없으면 사람은 텅 빈 존재, 아무것도 아닌 존재, 무의미한 존재가 되어 버린다. 모든 사람이 이런 텅 빈 존재가 되면 어떤 일이 벌어지든 아무도 반항하지 않는다. 반항은 큰 용기가 필요한데, 이런 용기를 가진 사람이 없기 때문이다. 사랑하면 용기가 생긴다. 사랑하면 모든 두려움이 사라진다. 정치가는 사람들이 두려워하는 정도에 따라 지배력을 발휘한다. 그들은 당신의 마음 안에 수만 가지의 두려움을 불어넣는다. 공포에 포위되어 당신의 온 존재는 두려움으로 가득하다. 깊은 내면에서 당신은 떨고 있다. 겉으로는 어느 정도 사람의 모습을 갖추었지만, 속을 들여다보면 수십 겹의 공포가 가득 차 있다.

두려움으로 가득 찬 사람이 할 수 있는 것은 증오밖에 없다. 증오는 두려움의 자연적인 소산이다. 두려움으로 가득 찬 사람은 분노도 가득하다. 그런 사람은 인간 본연의 삶을 반대하고 부정하게 된다. 이런 사람들에게 죽음은 가장 아늑한 것처럼 보인다. 두려움으로 가득 찬 사람은 본연의 삶을 부정하기 때문에 점점 자멸적으로 되어간다. 이런 사람은 살아 있음을 두려워하고 위험하게 여긴다. 살아 있다는 것은 사랑해야 함을 뜻하기 때문이다. 이런 사람들은 살아 있는 것이라고 할 수 없다. 살기 위해서 육체가 호흡이 필요하듯이 영혼은 사랑이 필요하다. 그런데 당신의 사랑은 철저히 오염되었다.

사랑의 에너지를 오염시킴으로써 그들은 당신을 분열시킨다. 당신 안에 적을 만들고 당신을 둘로 갈라놓는다. 당신 내면에는 항상 내전과 분열이 끊이지 않는다. 이런 갈등으로 인해 당신의 사랑 에너지는 점점 더 사라진다. 당신의 삶에는 열정과 활기가 사라진다. 사랑의 에너지로 넘쳐나지 않으면 삶은 지루하고 무미건조하고 어리석다.

사랑은 지성을 날카롭게 갈고 닦지만, 두려움은 지성을 무디게 만든다. 당신이 지성적인 사람이 되길 바라는 사람이 과연 누구일까 생각해 보라! 권력을 잡은 사람들은 절대 바라지 않는다. 당신이 지성적인 사람이 되면 권력자들의 전략과 계획을 꿰뚫어 볼 수 있기 때문이다. 그들은 당신이 멍청하고 그저 평범하길 원한다. 일반적인 사무 능력만 있길 원한다. 그 이상은 원하지 않는다. 이런 이유로 지금껏 인류는 잠재력이 최소로 발휘되는 가장 낮은 수준의 삶을 영위해 왔다.

과학자들이 말하기를, 평범한 인간은 온 생애 중 지적 잠재력을 5%만 사용한다고 한다. 보통 사람이 겨우 5%라면 비범한 사람은 어느 정도일까? 아인슈타인, 모차르트, 베토벤과 같은 위인은 얼마나 될까? 과학자들의 연구 결과에 따르면, 이렇게 비범한 사람들도 10% 이상을 활용하지 못한다. 그리고 우리가 천재라고 부르는 이들도 겨우 5%의 잠재력만 사용할 뿐이다.

　모든 사람이 잠재력을 100% 활용하는 세상을 상상해 보아라! 아마 그렇게 되면 모든 신들이 지구를 부러워할 것이다. 오히려 신들이 지구에서 태어나기를 소망할 것이다. 지구는 낙원, 그것도 최상의 낙원이 될 것이다. 그런데 지금 지구는 지옥과 다름없다.

　사람이 외부의 것들로 오염되지 않고 홀로 존재할 때 사랑은 간단하게 아주 간단히 이루어진다. 사랑하는 데 어떤 문제도 없다. 물이 아래로 흐르듯이, 아지랑이가 위로 올라가듯이, 나무에서 꽃이 피듯이, 새가 지저귀듯이, 사랑은 당연하고 자연스럽게 일어난다.

　그러나 인간은 절대 홀로 있을 수 없다. 아기가 태어나면 압제자는 이미 아기에게 마수를 뻗쳐 에너지를 짓이겨 놓고 모든 왜곡된 생각을 심어 준다. 철저히 왜곡시켜 지금의 삶이 가짜요 거짓이라는 것을 깨닫지 못하게 만든다. 태어날 때의 순수한 모습으로 살고 있지 않다는 사실을 깨닫지 못하게 만든다. 그리고 이런 사람들은 뭔가 본질을 놓쳤음을, 자아를 잃어버렸음을, 뭔가가 잘못되었음을 느끼게 된다. 이런 이유로 수백만 명의 사람들이 불행 속에 처해 있다.

　어린아이가 본연의 모습대로 성장하도록 허락한다면, 그렇게 성장하도록 도와준다면 사랑은 자연스럽고 간단하게 일어날 것이다. 어린아이가 자연과 조화를 이루고 자기 자신과도 조화를 이루면서 자라도록 도와줄 때 비로소 사랑은 자연스럽게 이루어진다. 어린아이가 본연의 모습을 유지하도록, 그 자신으로 존재하도록 모든 방면으로 지원해 주고 힘을 넣어 준다면 사랑으로 충만해지는 것은 간단하다. 인간은 간단하고 자연스럽게 사랑할 수 있다.

그럴 때 그는 다른 사람을 증오할 수 없다. 다른 사람을 증오하기 위해서는 먼저 당신 자신 속에 증오의 독을 만들어야 하기 때문이다. 먼저 무엇인가를 가져야만 다른 사람에게 줄 수 있는 법이다. 당신이 증오로 가득 찰 때만 다른 사람을 증오할 수 있다. 자신을 증오로 가득 채우는 것은 자신을 지옥으로 만드는 것이다. 자신을 미움으로 가득 채우는 것은 불 위로 올라서는 꼴이다. 당신 속에 증오를 가득 심는 것은 먼저 당신 자신을 상처 입히는 짓이다. 누군가에게 상처를 주기 전에 이미 당신이 상처를 입어야만 한다. 그런데 아무리 증오해도 상대방은 어떤 상처도 입지 않을 수 있다. 상대방에 따라 상처를 입힐 수도 입히지 못할 수도 있다. 한 가지 분명한 사실은, 누군가를 미워하기 전에 이미 당신이 큰 고통과 불행을 겪는다는 사실이다. 상대방은 당신의 증오를 받아들이지 않고 거부할 수 있다. 어쩌면 붓다와 같은 사람이라서 당신의 증오를 단순히 웃고 넘어갈지도 모른다. 당신을 용서하고 당신의 증오에 반응하지 않을 수 있다. 아무 반응도 보이지 않으면 어떤 상처도 줄 수 없다. 아무리 미워해도 그는 아무렇지도 않다. 그런 상대 앞에서 당신의 증오는 무력하다.

미워한다고 상대방이 반드시 상처를 입는 것은 아니다. 그러나 한 가지 명백한 사실은, 누군가를 증오하면 당신의 영혼이 수많은 방법으로 먼저 상처를 입는다는 사실이다. 다른 사람에게 뿌리기 위해 당신 자신 안에 엄청난 독을 품었는데 어찌 무사하겠는가.

증오는 자연스러운 본성이 아니다. 사랑이 건강한 상태라면 증오는 병든 상태이다. 모든 병처럼 증오는 자연스러운 본성에 어긋나는 것이다. 본성의 궤도를 이탈했을 때, 그리고 존재 세계와 더 이상의 조화를 이루지 못할 때 증오가 생긴다. 가장 깊은 내면의 중심과 조화를 이루지 못할 때 증오가 생긴다. 그럴 때 당신은 심리적으로 영적으로 병에 걸린다. 이렇게 증오란 것은 병의 상징이다. 그리고 사랑은 건강함, 전체 됨, 성스러움의 상징이다.

사랑이 가장 자연스러운 것이 되어야 한다. 그러나 현실은 그렇지 않다. 오히려 사랑은 가장 어려운 일일 뿐 아니라 거의 불가능한 일이다. 미워하기란 쉽다. 배우고 준비하면 쉽게 할 수 있다. 힌두교인은 이슬람교인, 기독교인, 유대교인에 대한 미움으로 가득 차 있다. 기독교인은 다른 종교에 대한 미움으로 가득하다. 애국자가 되기 위해서는 다른 나라를 미워하면 된다.

이렇듯 사람들은 사랑의 한 가지 방법만을 안다. 그 한 가지 방법이란 다른 사람을 미워하는 것이다. 다른 나라를 미워함으로써 자신의 나라에 대한 애국심을 발휘한다. 다른 교회를 미워함으로 자신의 교회를 향한 사랑을 증명한다. 사람들은 혼동하는 것이다.

모든 종교는 사랑에 대해 떠들고 있다. 그런데 이런 종교들이 세상에서 더 많은 증오를 만들고 키우고 있다. 기독교는 사랑 이야기를 하면서 끊임없이 전쟁을 일으키고 십자군을 배출한다. 이슬람교도 사랑 이야기는 하지만 지하드〔이슬람교의 성전聖戰, 지하드의 기치를 내걸고 과격 이슬람교 단체들이 이스라엘과 서방 국가 등에 대해 게릴라전과 테러 행위 등을 자행함_역주〕을 만들고 종교 전쟁을 일으킨다. 힌두교도 사랑을 떠들어대지만, 경전을 살펴보면 증오로, 그것도 다른 종교에 대한 증오로 가득하다. 이런 말도 안 되는 것들을 우리는 지금껏 받아들이고 살았다. 종교의 이런 이중성에 대해 아무런 생각 없이 인정하도록 세뇌되었기에, 원래 세상은 그렇게 돌아가는 법이라고 배워 왔기에, 우리는 아무런 저항 없이 이것들을 받아들인다. 그리고, 우리 본연의 본성을 계속해서 거부한다.

온갖 독으로 사랑을 오염시킬 수는 있지만, 사랑을 파괴하지는 못한다. 독은 빼면 된다. 그러면 다시 깨끗하게 원래 상태로 돌아갈 수 있다. 사회가 강제로 주입 시킨 것들을 토해내면 된다. 모든 믿음과 조건을 내던져 버려라! 그러면 자유로울 수 있다. 자유로운 사람이 되기로 결심만 한다면 사회는 당신을 더는 노예로 가두어 놓지 못한다.

오래된 방식을 모두 버리고 새로운 방식으로 인생을 살아야 할 때이다. 자연스러운 방식으로, 억압받지 않는 방법으로, 자포자기가 아닌 기쁨으로 인생을 살아야 할 때가 왔다. 그러면 증오는 점점 더 멀어진다. 증오는 사랑의 정반대 개념이다. 질병이 건강의 정반대 개념인 것과 같다. 건강 대신 질병을 선택할 사람은 없다.

하지만 질병은 건강이 주지 못하는 몇 가지 장점을 제공한다. 절대 이런 장점에 현혹되지 말아라! 증오도 사랑으로는 불가능한 몇 가지 장점을 갖고 있다. 그러므로 매우 주의 깊게 경계해야 한다. 병든 사람들은 모든 사람으로부터 동정을 받는다. 누구한테서도 마음의 상처를 받지 않으며 온갖 대접을 받는다. 환자는 모든 사람의 관심을 받아 가족과 친구들의 중심에 서게 된다. 한마디로 중심인물, 중요한 인물이 된다. 이제 환자는 자신이 중요한 인물로 대두된 사실에 매우 만족하고 좋아한다. 그의 에고가 만족감을 얻은 것이다. 그리고 건강한 사람으로 돌아가려고 하지 않는다. 이제는 그 자신이 병에 매달린다. 심리학자들에 따르면, 환자가 누리는 여러 가지 이점 때문에 병에 집착하여 매달리는 사람들이 매우 많다고 한다. 그리고 그들의 병에 너무 오랫동안 정성을 쏟으면 자신이 병에 매달리고 있다는 사실조차 까맣게 잊어버린다. 건강을 되찾아 다시 무명 인사가 되는 것도 그들은 두려워한다.

당신 역시 이 사실을 자식들에게 심어 주고 있다. 어린아이가 아프면 온 가족이 깊은 관심을 보인다. 이것은 아주 비과학적인 방법이다. 자식이 아프면 몸은 돌봐 주되, 너무 많은 관심은 쏟지 말아라! 병간호에 지나친 관심을 쏟으면 아이는 자연스럽게 병과 주위 사람의 관심을 연결하게 한다. 아주 위험한 생각이다. 그러나 모든 가정에서는 어쩔 수 없이 이런 일이 반복적으로 일어난다. 아이는 아플 때마다 온 가족의 중심으로 떠오른다. 아빠가 옆에 앉아 몸 상태에 관해 묻고, 의사가 오고, 이웃과 친구가 선물을 사 들고 병문안을 온다. 그렇게 되면 아픈 아이는 이런 이점에 현혹되고 만다. 이런 이점을 통해 아이의 에고는 아주 만족함을 얻어 건강을 회복하고자 하는 의지가 사라진다. 이렇게 되면 건강해지기가 어렵다. 어떠한 약도 듣지 않는다. 결국 사람은 자기 스스로 병을 자초한다. 수많은 사람, 대다수 사람에게 일어나는 일이다.

증오하게 되면 에고는 충족감을 얻는다. 증오가 있을 때만 에고가 존재한다. 증오하게 되면 에고는 우월감을 느끼고, 분리되었다고 느끼고, 다른 것들과 구별되는 개성이 있다고 느낀다. 그러나 사랑을 하면 에고는 사라진다. 사랑을 하게 되면 당신은 이제 분리된 존재가 아니다. 사랑은 당신이 다른 사람들과 융화될 수 있도록 도와준다. 다른 사람들을 만나 서로의 존재가 용해되어 하나가 되도록 만든다.

당신이 에고에 너무 집착한다면 증오는 쉬워지고 사랑하기는 몹시 어려워질 것이다. 그러므로 예민하게 깨어 경계해라! 증오는 에고의 그림자이다. 사랑하기 위해서는 더없이 큰 용기가 필요하다. 사랑은 에고의 희생이 필요하므로 크나큰 용기가 있어야 한다. 기꺼이 무명인사가 되려고 하는 사람들이 사랑할 수 있다. 기꺼이 무가 되려는 사람만이, 철저히 자신을 비우는 사람만이 초월의 세계에서 주는 사랑의 선물을 받을 수 있다.

군중에서 벗어나라

거짓 정체성은 외부의 지지 없이는 홀로 지탱할 수 없다. 거짓 자아가 존재하려면 군중이 필수적이다. 군중과 떨어져서 외롭다고 느끼는 순간, 당신은 뭔가 이상하다는 느낌을 받는다. 거짓 자아가 사라지는 것을 걱정하지 말아라! 거짓 자아는 당신의 것도, 당신도 아니다.

침묵하고 홀로 있을 수 있는 용기가 바로 명상이다. 점차 서서히 당신은 새로운 활력, 새로운 아름다움, 새로운 지성 등 자신의 새로운 면모를 감지할 것이다. 이것은 누구에게서 빌려온 것이 아니고, 당신의 내면에서 자라는 것이다. 그것들은 당신 존재에 깊게 뿌리를 내리고 있다. 당신에게 두려움이 사라지면 이런 것들로 당신 존재는 꽃을 피우고 열매를 맺는다.

아무도 존재 세계가 원하는 사람이 되지는 못한다. 사회, 문화, 종교, 교육은 순진무구한 어린아이를 대상으로 방해 공작을 편다. 그것들은 막강한 힘을 가졌지만, 어린아이는 무기력하고 의존적이다. 그래서 그들은 원하는 모습대로 어린아이를 조작한다. 현실이 그렇다. 그들은 자연이 부여한 운명대로 어린아이가 살아가도록 허락하지 않는다. 그 대신, 쓸모 있는 일꾼으로 자라게 할 뿐이다. 어린아이가 본연의 본성대로 자라도록 허용된다면 기득권층이 원하는 사람으로 자라날지 장담하지 못한다. 그래서 사회는 모험하지 않는다. 어린아이를 움켜쥐어 사회에서 필요한 것들은 주입하여 원하는 모양대로 찍어낸다.

사회는 아이의 영혼을 없애버린다. 그리고 아이가 본연의 존재인 영혼을 그리워하지 못하도록 그 자리에 가짜 정체성을 주입한다. 이 거짓 정체성은 하나의 대체물이 된다. 이 대체물은 이것을 주입한 사람들에게나 유용할 것이다. 당신이 홀로 있는 순간, 거짓 정체성은 당신에게서 떨어져 나가고 그동안 억눌렸던 진짜 영혼이 그 모습을 드러내기 시작한다. 그러면서 홀로 있다는 것에 대한 두려움이 엄습한다.

혼자 있기를 바라는 사람은 아무도 없다. 모든 사람은 군중에 속하기를 원한다. 그것도 하나가 아닌 여러 단체에 속하기를 원한다. 어떤 사람은 종교 단체, 정당, 클럽 등에 소속되어 있다. 그 외에도 여러 작은 집단에 속해 있다. 거짓 정체성은 외부의 지지 없이는 홀로 지탱할 수 없다. 그렇기에 사람들은 24시간 동안 누군가로부터 지원받기를 원한다. 그런데 홀로 있으면 뭔가 알 수 없는 기묘한 느낌을 받게 된다. 너무 오랫동안 자신을 다른 누군가로 잘못 여기고 살아왔다. 그래서 홀로 있게 되면 갑자기 내가 이전까지 나로 여기던 그 사람이 아니라는 정체성의 혼란이 급습한다. 이럴 때 두려워진다. 과연 나는 누구인가?

수천 년 동안 진짜는 억압을 당해 왔기 때문에 진짜가 모습을 나타내는 데 시간이 조금 걸린다. 신비주의자들은 이 두 개의 정체성 사이의 차이를 '어두운 밤'이라고 불렀다. 더없이 적절한 표현이 아닐 수 없다. 당신은 가짜 정체성과 진짜 존재 사이의 중간 단계에서 헤매고 있다. 진정 당신이 누군지 알지 못하는 상태이다.

특히 서양에서는 이 문제가 더욱 복잡하다. '영혼의 어두운 밤'을 단축하기 위해서는 진짜를 찾아야 하는데, 서양에서는 이런 방법론이 전무全無하다. 명상에 관한 한 서양 사람들은 아는 바가 전혀 없다. 진짜가 저절로 모습을 드러내도록 기다리면서 홀로 고요히 있는 것, 이것이 바로 명상이다. 명상은 행위가 아니라 고요한 이완이다. 어떤 행동을 할 때마다 그 행동은 거짓 인격에서 나온다. 그동안의 모든 행동은 거짓 인격에서 나온 것이라고 할 수 있다. 하나의 오래된 습관이 되었다.

습관은 없어지기 힘들다. 이런 거짓 인격을 심어 준 사람은 다름 아닌 당신이 사랑했던 사람들, 존경했던 사람들이다. 물론 그들이 어떤 악의를 품고 그런 행동을 한 것은 아니다. 그들의 의도는 선했지만, 그들의 깨달음은 전혀 없다. 당신의 부모, 스승, 성직자, 정치가들은 의식이 깨어 있지 않은 사람들이었다. 자각이 없는 사람들이었다. 아무리 좋은 의도를 갖고 행동해도 의식이 깨어 있지 않다면 지독히 해로운 결과를 낳기 마련이다.

당신은 혼자가 될 때마다 깊은 공포가 솟아오른다. 혼자 있는 순간, 갑자기 거짓 인격이 사라지기 때문이다. 그리고 오랫동안 잃어버렸던 진짜가 잠깐 모습을 드러낸다. 당신이 반드시 알아야 할 점은, 그 오랜 세월의 차이를 반드시 메워야 한다는 것이다.

"나 자신을 잃어버릴 것만 같아. 분별력을, 마음을, 모든 것을 잃는 것 같아. 제정신이 아닌가."

이런 공포가 밀려온다. 남들이 당신에게 심어 준 자아는 바로 이런 것들로 가득 차 있기에 그렇다. 이런 것들을 잃어버리면 당신이 제정신이 아닌 것처럼 느껴진다. 그래서 이런 상태에서 벗어나기 위해 어떤 일에 몰입하기 시작한다. 주위에 사람이 없어도 어떤 행동을 함으로써 이 상태에서 벗어나고자 한다. 그래서 거짓 인격이 다시 나타난다.

이런 이유로 가장 보내기 힘든 시간이 휴일이다. 주말에 푹 쉬기를 바라며 사람들은 닷새 동안 열심히 일한다. 그러나 막상 주말이 되면 가장 최악의 시간으로 바뀌고 만다. 주말에 더 많이 사고가 일어나고, 더 많은 사람이 자살하고 살인, 강탈, 강간도 더 많아진다. 참으로 이상한 일이다. 닷새 동안 열심히 일에 매달릴 때는 아무 문제도 없었다. 주말이 되면 사람들은 선택의 문제에 직면한다. 무엇인가에 매달리느냐, 아니면 안정을 취하느냐 중 하나를 선택해야 한다. 그런데 안정을 취하는 것을 사람들은 무서워한다. 거짓 인격이 사라지는 것이 두렵기 때문이다. 그래서 또 어딘가에 몰두하는 어리석음을 범한다. 도로 정체를 일으키며 사람들은 해변으로 향한다. 왜 해변에 가느냐고 물으면 사람들은 "떼거리 무리에게서 벗어나기 위해."라고 대답한다. 그러나 모든 떼거리 무리가 함께 이동하고 있지 않은가! 사람들은 혼자만의 장소, 조용한 장소를 찾아서 간다고 말한다.

그러나 집에 있는 것이야말로 혼자 조용히 있는 것이 아닌가? 모든 바보가 '조용한' 장소에 몰려 가 있는 것이다. 그리고 당신도 미친 듯이 해변으로 몰려가 이틀 동안 휴일을 후딱 보낸다. 그곳에서 무엇을 얻었는지 물어볼 필요도 없다.

해변은 사람들로 복잡하기 짝이 없다. 어느 시장도 이렇게 북적대지 않는다. 그런데 정말 이상한 것은 그 가운데서도 사람들은 일광욕을 즐기는 등 아주 편안해한다는 사실이다. 수천 명이 조그만 해변에 우글거리면서 푹 휴식을 취하는 것이다. 그러나 수천 명이 당신 주위에 있음을 알기에 편히 안정을 취한다. 사무실, 길가, 시장터에서 보았던 바로 그 군중들이 지금 해변으로 옮겨갔을 뿐이다.

거짓 자아가 존재하려면 군중은 필수 요소이다. 군중과 떨어져서 외롭다고 느끼는 순간, 당신은 뭔가 이상한 느낌을 받는다. 이 순간이 조금이나마 명상의 맛을 볼 수 있는 좋은 기회이다.

거짓 자아가 사라지는 것을 걱정하지 말아라! 사라질 이유가 있기에 사라지는 것이다. 그것에 애써 매달리는 것은 의미가 없다. 거짓 자아는 당신의 것도, 당신 자신도 아니다.

거짓 자아가 사라지면 그 자리에 새롭고 순수하고 오염되지 않은 진짜가 모습을 드러낸다. "나는 누구인가?"라는 질문에 그 누구도 당신을 대신하여 답할 수 없다. 거짓 자아를 벗어 던지면 당신은 알게 될 것이다.

여러 가지 명상법은 거짓 자아를 파괴하는 데에 도움을 준다. 하지만 도움만 줄 뿐으로 당신에게 진짜를 줄 수는 없다. 진짜는 누군가가 주는 것이 아니기 때문이다.

누구에게서 받을 수 있는 것은 진짜가 아니다. 그 진짜는 이미 당신 안에 있다. 당신은 진짜를 가리고 있는 가짜를 벗겨내기만 하면 된다.

스승은 당신이 갖고 있지 않은 것을 없애 버리고, 당신이 이미 가지고 있는 것을 주는 사람이다.

침묵하고 홀로 있는 용기가 바로 명상이다. 당신은 서서히 새로운 활력, 새로운 아름다움, 새로운 지성 등 자신의 새로운 면모를 감지할 것이다. 이것은 누구에게서 빌려온 것이 아니라 당신의 내면에서 자라는 것이다. 그것들은 당신 존재에 깊이 뿌리내리고 있다. 두려움이 사라지면 이런 것들로 당신의 존재는 꽃을 피우고 열매를 맺는다.

용맹한 사람, 용기 있는 사람, 배짱 있는 사람만이 종교적일 수 있다. 교회 신자들은 겁쟁이이다. 힌두교인, 이슬람교인, 기독교인은 모두 자아 추구에 적대적이다. 이들은 똑같은 군중들로, 그들의 거짓 정체성을 더욱 확고히 굳히는 데에 노력을 기울일 뿐이다.

당신은 이 세상에 태어날 때 생명과 순수 의식과 뛰어난 감수성을 갖고 태어났다. 어린아이를 보아라! 순진무구한 어린아이의 눈을 보아라! 어린아이와 달리 어른들은 거짓 인격이라는 허울을 뒤집어쓰고 있다.

두려워할 필요는 전혀 없다. 반드시 없어져야만 하는 것을 잃어버리는 것이다. 빨리 잃을수록 더욱 좋다. 거짓 인격이 더 오래 머무르면, 그 힘이 더욱 강력해지기 때문이다.

그리고 사람은 내일 일어날 일을 모른다.

당신의 진짜 존재를 깨닫기 전에는 죽지 말아라!

아주 소수의 행복한 사람들이 있으니, 진정한 자신의 모습대로 삶을 살고, 그 모습으로 또 죽음을 맞이하는 사람들이다. 이들은 삶이 영원함을, 죽음이 거죽에 불과하다는 사실을 잘 알고 있다.

수의 정치학

　사회는 당신이 다른 사람과 비슷하게 행동하기를 기대한다. 약간이라도 다르게 행동하는 순간, 당신은 낯선 사람이 된다. 모든 사람이 대단히 두려워하는 타인이 된다.
　버스 안에서, 기차 안에서, 아니 버스 정류장에서 누군가와 같이 있을 때, 사람들은 절대 조용히 있지 않는다. 조용히 있을 때 그들은 낯선 사람이 되기 때문이다. 즉시 두 사람은 각자 소개한다. "이름이 뭐예요?", "어디로 가세요?", "직업이 뭐예요?" 이런 몇 가지에 대해 서로 알고 나서 그들은 안정을 찾는다. 당신도 이런 사람들과 다름없다.
　사람들은 계속해서 어떤 무리 속에 들어가기를 원한다. 그 속에서 다르게 행동하면 전체 무리는 당신을 의심한다. 무엇인가 잘못되어

가고 있다는 의심의 눈길을 보낸다. 그들은 당신에 대해 잘 알고 있다. 그리고 당신에게 일어나는 어떤 변화를 감지한다. 당신이 이전에는 자신을 인정하지 않았음을 무리는 알고 있다. 그런데 당신이 자신을 받아들이기 시작하는 것이다.

사회에서 자기 자신을 인정하고 받아들이는 사람은 없다. 모든 사람은 자기 자신을 비난한다. 자기 자신을 비난하는 것, 이것이 사회의 방식이다. 당신이 자신을 비난하지 않고 받아들인다면 사회에서 떨어져 나오는 셈이다. 그런데 사회는 단체에서 빠져나오는 사람을 절대 용납하지 않는다. 사회는 숫자에 의해 살아남는 것이기 때문이다. 이것이 바로 수의 정치학이다. 다수가 있으면 사람들은 기분이 좋아진다. 많은 숫자는 사람들에게 옳다는 생각을 심어 준다. 수백만 명의 사람들과 함께 있는데 잘못될 일은 없다. 그러나 홀로 떨어져 있게 되면 의심이 솟아오른다. 내 주위에는 아무도 없다. 그럴 때 내가 옳다는 것을 누가 증명해 줄 것인가?

그래서 가장 큰 용기는 개인으로 존재하는 것이다.

두려움이 없는 최상의 상태가 되기 위해서는 개인으로 존재해야 한다.

"온 세계가 나에게 등을 돌려도 상관없어. 문제는 내 경험의 근거가 확실한가이지. 나는 숫자에는 관심 없어. 얼마나 많은 사람이 내 주위에 있는지 아예 살펴보지도 않아. 내가 주의 깊게 보는 것은 내 행동이 타당한지 타당하지 않은지 하는 것이야. 내가 다른 사람의 말을 그저 앵무새처럼 되풀이하고 있는지, 아니면 진짜 나만의 경험에서 나왔는지 지켜볼 뿐이지. 그것이 내 경험에서 나오면, 내 피와 뼈와 골수에서 나오면, 세상은 나에게서 등을 돌리고 그들끼리 한패가 되지. 그렇지만 여전히 나는 옳고 그들은 틀려. 내가 옳다는 것에 대해 다른 사람이 몇 표를 던지느냐는 중요하지 않아. 다른 사람의 의견에 따라 좌지우지되는 사람만이 다른 사람의 지지가 필요할 뿐이야."

이렇게 말할 수 있는 개인이 되어야 한다.

그러나 사회는 다른 사람의 지지를 원하는 사람들로 가득 차 있다. 이런 방식으로 사회는 기능을 수행해 왔고, 이런 이유로 당신을 다수 속에 가두어 놓는다. 다른 사람이 슬프면 당신도 같이 슬퍼해야 하고, 다른 사람이 불행하면 당신도 같이 불행해야 한다. 그들이 어떻게 되건 당신도 그렇게 되어야 한다. 차이는 용납되지 않는다. 차이를 보인다는 것은, 결국 개인이라는 독특한 존재로 되어가고 있다는 뜻이다. 그리고 사회는 이런 존재를 두려워한다. 개인이 된다는 것은 무리에서 벗어나 독립적인 존재가 된다는 뜻이다. 이런 사람은 무리를 전혀 신경 쓰지 않는다. 그 사람에게 신, 사원, 성직자, 경전, 이 모든 것들은 무의미할 뿐이다. 이제 그는 무리에서 벗어나 자신의 존재를 찾았다. 사는 것, 죽는 것, 축하하고 노래하고 춤추는 것에 대해 자신만의 방식을 찾았다. 그는 집에 도착한 것이다.

무리와 함께 있으면 누구도 집에 도착할 수 없다. 집으로 갈 때는 홀로 가야 한다.

내적 감각의 소리에 귀를 기울여라

한 소년이 계속 머리를 긁고 있었다. 어느 날, 아버지가 그 모습을 보고 소년에게 물었다.

"얘야, 너는 왜 항상 머리를 긁니?"

소년은 대답했다.

"그럼 어떻게 해요? 머리가 가려운 것은 나밖에 모르는데요."

이것이 내적 감각이다! 오직 당신만이 안다. 그 누구도 알 수가 없다. 외부에서는 볼 수 없다. 두통이 생기면 오직 당신만이 안다. 그러나 증명할 수는 없다. 당신이 행복하면 오직 당신만이 안다. 그러나 증명해 보일 수 없다. 검사하고 분해하고 분석하도록 그것을 탁자 위에 꺼내 놓을 수도 없다.

　이렇게 내적 감각은 내부에 있는 것이라서 내적 감각의 존재를 증명할 수는 없다. 그래서 과학은 내적 감각을 인정하지 않는다. 그러나 과학의 이런 무시는 인간의 본성을 모르고 하는 것이다. 사랑을 느끼면 내부에 어떤 감정이 생겨나는지를 과학자들도 안다. 무엇인가 있는 것이다. 만질 수 있는 물체가 아니기 때문에 남들 앞에 꺼내어 보일 수는 없지만, 여전히 그곳에는 뭔가 있다.

　내적 감각은 그 자체로 타당성을 갖는다. 그러나 과학적인 교육 방식 때문에 사람들은 내적 감각을 신뢰하지 않는다. 그리고는 다른 사람의 감각에 의지한다. 의지하는 정도가 너무 심해서 "너, 행복해 보여."라는 말을 들으면 행복하다는 생각이 갑자기 든다. 20명의 사람이 한 번 결심만 하면 당신을 금방 불행에 빠뜨릴 수 있다. 온종일 똑같은 말만 반복하면 된다. 만날 때마다 "매우 불행해 보이는데, 무슨 일 있어? 누가 죽거나 했어?"라고 말하면 된다. 이런 말을 들으면 당신에게는 의심이 생긴다. 모든 사람이 그렇게 물어보니까 자신이 불행하다고 믿기 시작한다.

　당신은 사람들의 의견에 의지한다. 너무 의지하다 보니 당신의 내적 감각과 연락이 끊긴다. 이 끊겨 버린 내적 감각을 다시 회복해야 한다. 모든 아름다운 것, 모든 선한 것, 모든 신성한 것은 오직 내적 감각에 의해서만 감지될 수 있기 때문이다.

　다른 사람의 생각에 더는 영향받지 말아라! 그리고 당신 내부를 들여다보아라! 내적 감각이 마음껏 말하도록 두어라! 그 말을 신뢰해라! 신뢰하면 내적 감각은 더욱 성장할 것이다. 신뢰라는 영양분을 공급하면 내적 감각은 더욱 강해질 것이다.

어느 날 비베카난다1863~1902, 근대 인도의 종교 및 사회개혁 지도자_역주가 라마크리슈나1836~1886, 근대 인도의 종교가_역주를 찾아갔다.

"신은 없습니다! 신이 없다는 것을 제가 증명해 보이겠습니다."

그는 아주 논리적이고 의심이 많은 사람이었으며, 서양의 철학적 사고를 하도록 제대로 교육받은 사람이었다. 이와 반대로 라마크리슈나는 일자무식의 사람이었다. 그의 이야기를 듣고 라마크리슈나가 말했다.

"그래, 어디 증명해 보게."

비베카난다는 자신이 알고 있는 모든 증거를 내세우며 장황하게 말했다.

라마크리슈나는 잠자코 듣고 나서는 말했다.

"그러나 나의 내적 감각은 신이 존재한다고 말하고 있네. 내적 감각은 모든 것을 최종적으로 판단하는 권위를 갖고 있지. 그런데 당신이 말하는 모든 것은 한낱 추론에 불과하군. 그래, 당신의 내적 감각은 뭐라고 하는가?"

비베카난다는 자신의 내적 감각에 대해 생각해 본 적이 없었다. 그는 움찔했다. 책을 읽고 이론을 수집하고 찬성 증거와 반대 증거를 모으고, 이런 증거들을 통해 신이 존재하지 않는다는 결론을 내린 것이다. 그는 자신의 내부 세계를 들여다보지 않았다. 그의 내적 감각에는 아예 물어보지도 않았다.

얼마나 어리석은가! 의심 많은 마음은 너무나도 어리석다. 논리적인 마음은 우둔하다.

라마크리슈나가 말했다.

"당신의 추론은 근사했네. 재미있는 이야기였네. 그런데 당신의 추론과는 상관없이 나는 알고 있어! 나의 내적 감각은 신이 존재한다고 말하고 있네. 내적 감각은 내가 행복한지, 아픈지, 슬픈지, 위장이 쓰린지, 기분이 좋지 않은지 말해 주지. 이와 똑같은 방법으로 내적 감각은 신이 존재한다고 말하고 있네. 논쟁의 여지가 없는 결론이지."

그는 계속 말했다.

"나는 이것을 증명할 수 없지만, 만약 당신이 원한다면 보여 줄 수 있지."

이제까지 비베카난다에게 신을 보여 줄 수 있다고 말한 사람은 아무도 없었다. 대답도 하기 전에 라마크리슈나는 껑충 뛰어올라 비베카난다의 가슴팍을 발로 강타했다. 그러자 비베카난다의 내면 안에 무엇인가가 일어났다. 알 수 없는 에너지가 갑자기 솟아났다. 그는 기절했다. 3시간이 지난 후에 그가 눈을 떴을 때, 그는 완전히 다른 사람이 되어 있었다.

라마크리슈나가 물었다.

"지금도 신이 없다고 하겠나? 지금 당신의 내적 감각은 뭐라고 말하고 있나?"

비베카난다는 차분하고 침착한 완전히 새로운 사람이 되어 있었다. 얼굴에는 환희와 행복감이 넘쳐흘렀다. 그는 라마크리슈나에게 절을 하고 그의 발을 만지면서 말했다.

"옳습니다. 신은 존재합니다."

신은 어떤 인격체가 아니라 절대적인 행복을 느끼는 감각이요, 더할 나위 없이 간절한 집에 있다는 감각이요, "나는 이 세상에 속하고, 이 세상은 나에게 속해 있다. 나는 여기에서 외톨이도 방관자도 아니다."라고 말할 수 있는 절대 감각이다. "이 전체와 나는 분리되지 않았다."라는 존재론적 절대 감각이다. 이 경험이 바로 산이다. 그러나 당신의 내적 감각이 기능을 할 때만 경험은 가능하다.

지금 시작해라! 가능한 한 많은 내적 감각을 느껴라! 외부에서 권위를 찾지 말아라! 외부의 의견을 찾지 말아라! 독립적인 존재가 되어라! 더 느끼고 덜 생각해라!

장미꽃을 들여다보아라! 그러나 "아름답구나!"라고 앵무새처럼 반복하지 말아라! 이 말은 이미 다른 사람의 의견일 뿐이다. 어릴 적부터 당신은 "장미꽃은 아름답다. 정말 대단한 꽃이다."라는 말을 수도 없이 들었다. 그래서 장미꽃을 보면 컴퓨터처럼 다른 사람과 똑같은 말을 반복한다. "아름답구나!" 정말 그렇다고 느끼는가? 내적 느낌이 정말 그러한가? 그렇지 않다면 말하지 말아라!

달을 보아라! 내적 감각에서 들리는 소리가 아니면 아름답다고 말하지 말아라! 당신의 마음이 담고 있는 99%의 감정은 외부에서 빌어온 것들이다. 얼마나 경악할 노릇인가! 이 쓸모없는 쓰레기 같은 99% 중 1%의 내적 감각이 상실되어 있다. 지금까지의 앎을 내려놓아라! 그리고 내적 감각을 다시 회복해라!

신을 알 수 있는 길은 오직 내적 감각을 통해서이다.

인간에게는 6개의 감각이 있다. 5개의 감각은 외부라는 세상에 대해 알려 준다. 눈은 빛에 대해 알려 준다. 눈이 없으면 빛이 있는지 알 수가 없다. 귀는 소리에 대해 말해 준다. 귀가 없으면 소리에 대해 아무것도 모른다. 6번째 감각인 내적 감각은 당신 자신에 대해서, 그리고 사물의 궁극적인 근원에 대해서 말해 준다. 당신은 이 내적 감각을 반드시 찾아야 한다. 명상이란 바로 내적 감각의 발견이다.

세상에서 가장 무서운 것이 바로 다른 사람의 의견이다. 군중을 두려워하지 않을 때 당신은 순한 양이 아닌 한 마리의 사자가 된다. 가슴에서 우렁찬 포효가 솟는다. 자유의 외침이다.

붓다는 실제로 이것을 사자후獅子吼, 사자가 울부짖는 소리라는 뜻으로, 붓다의 설법에 모든 악마가 불교에 귀의했다는 말_역주라고 불렀다. 인간이 절대적인 고요 상태에 도달하면 사자처럼 포효한다. 그리고 다른 사람의 의견을 두려워하지 않기에 태어나서 처음으로 자유가 무엇인지를 안다. 사람들이 뭐라고 말하는지는 문제가 되지 않는다. 당신을 성자로 부르건 죄인으로 부르건 중요하지 않다. 완전무결하고 유일한 재판관은 신밖에 없다. 신은 한 인간과 비교할 존재가 아니다. 신은 온 우주라고 할 수 있다.

그러므로 사람을 대하는 것은 아예 문젯거리도 아니다. 당신이 부딪쳐야 하는 것은, 나무, 강, 산, 별을 비롯한 온 우주이다. 우리는 우주의 한 부분이다. 우주를 두려워할 필요도 숨어야 할 필요도 없다. 사실 숨는다고 숨을 수도 없다. 전체는 이미 모든 것을 알고 있다. 당신 자신보다 당신에 대해 더 많이 알고 있다.

신이 재판관이라는 사실보다 더 중요한 것은, 심판은 이미 이루어졌다는 사실이다. 신은 이미 심판했다. 미래의 심판은 없다. 신의 심판은 이미 이루어졌다. 그러므로 심판에 대한 모든 두려움을 버려라! 최후의 심판 날에 대한 걱정을 버려라! 두려움으로 겁낼 필요가 없다. 심판은 첫째 날 이루어졌다. 신이 당신을 창조한 그 순간에 이미 당신을 심판한 것이다. 신은 당신을 잘 안다. 당신을 창조했기 때문이다. 그래서 당신에게 문제가 생기면 책임은 당신이 아닌 신에게 있다. 당신이 길을 잃고 방황하면 당신이 아닌 신이 책임을 져야 한다. 왜 당신이 책임을 지는가? 당신을 만든 사람은 당신이 아니다. 어떤 그림이 잘못되었을 때, 그림에 원인을 돌릴 수 없다. 원인 제공은 화가이다.

그러므로 군중을 두려워하지도 말고 최후의 날에 당신을 심판할 것이라는 상상 속의 신도 무서워하지 말아라! 신은 이미 심판했다. 정말 중요한 사실이다. 이미 심판은 끝났기에 당신은 자유롭다. 당신이 완전히 자유로운 존재라는 사실을 아는 순간에 삶은 역동적으로 바뀐다.

두려움은 족쇄를, 자유는 날개를 가져다준다.

무엇을 위한 자유인가가 중요하다!

어디에서 해방되겠다는 생각을 버려라! 그 대신, 무엇을 위해 자유로워질 것인가를 생각해라! 두 생각은 별 차이가 없는 것처럼 보이지만, 그 차이는 실로 대단히 크다. 그러므로 무엇으로부터 해방될 것인가가 아닌, 무엇을 위해 자유로워질 것인가를 생각해라! 신을 위해, 진리를 위해 자유인이 되어라! 그러나 군중으로부터, 교회로부터, 이런저런 것에서 벗어나고 싶다고 생각하지는 말아라! 그런 생각으로는 하루 정도 벗어날 수 있다. 그러나 영원한 자유는 얻지 못한다. 이런 생각 자체가 일종의 억압으로 작용할 수 있다.

왜 군중을 두려워하는가? 당신과 군중 사이에 무엇인가 끄는 힘이 존재하는가? 군중에 대해 매력을 느끼는 것은 그 누구도 아닌, 바로 당신 자신이다. 당신이 군중에 대해 매력을 느끼므로 어디를 가든 항상 군중은 당신의 지배권을 쥐고 있다.

군중이라는 개념에 기초하여 생각하지 말아라! 사실을 있는 그대로 보아라! 오직 당신이라는 고유한 존재의 처지에서 생각해라! 지금 군중에 관한 생각은 떨쳐버려라! 군중에서 벗어나겠다고 발버둥 칠수록 당신은 군중에게서 벗어날 수 없다. 군중에게서 해방되겠다는 생각을 아무리 해도 소용없다. 그저 그 생각을 던져 버려라!

문제가 되는 쪽은 군중이 아니다. 바로 당신이 문제이다. 당신을 잡아끄는 것은 군중이 아니다. 당신이 이끌릴 뿐이다. 누가 당신을 끄는 것이 아니다. 당신의 깨어 있지 못한 의식이 이런 작용을 하는 것이다. 항상 명심해라! 다른 사람에게 책임을 전가하지 말아라! 책임을 전가하면 절대 자유를 얻을 수 없다. 깊은 내면에서는 모든 것이 당신의 책임이다. 군중에게 모든 책임을 돌리고 적대시할 필요는 없다. 군중들도 불쌍한 존재들이다. 그러므로 너무 적대감을 가지지 말아라! 자기 자신에게 상처가 될 일을 왜 하는가?

당신이 협조하지 않으면 군중은 아무것도 할 수 없다. 당신의 협조가 문제가 된다. 지금 당장 군중에게 어떤 협조도 하지 말아라! 조금의 협조라도 내보이면 당신은 곤란에 처할 것이다. 그러므로 지금 즉시 그만두어라! 당신은 본질을 꿰뚫어야 한다. 당신이 뛰어든 싸움은 이미 당신이 질 싸움이다. 지도록 예정된 싸움을 하는 셈이다. 이 점을 깨달아야 한다. 싸우려고 할수록 군중에게 힘을 더해주고 있다.

이런 일이 수백만 명의 사람에게 일어난다. 어떤 사람들은 여자에게서 벗어나고자 안간힘을 쓴다. 수 세기 동안 인도에는 이런 사람들이 수두룩했다. 하지만 벗어나려고 할수록 점점 더 이끌리게 된다. 섹스를 떨쳐 버리려고 할수록 온통 섹스에 사로잡힌다. 머릿속에는 오직 섹스 생각뿐이다. 사람들은 금식하고, 잠을 자지 않고, 프라나야마 요가의 호흡법_역주와 요가와 그 밖의 수천 가지 다른 방법들을 시도하면서 섹스에서 벗어나고자 노력한다. 그러나 모두 무의미하다. 섹스에서 벗어나고자 발버둥 칠수록 사람들은 섹스에 더욱 탐닉한다. 섹스에만 정신을 쏟는다. 벗어나고자 노력하는 만큼 섹스를 더욱 중요한 것으로 여긴다.

수도원에서도 이런 일이 일어난다. 수도사들은 욕구를 두려워하여 억압하며 살아간다. 군중을 너무 두려워하면 당신에게도 똑같은 현상이 일어난다. 협조를 안 하는 이상, 군중은 아무 의미가 없다. 결국 당신이 얼마나 예민하게 깨어 있느냐의 문제이다. 그러므로 군중에게 협조하지 말아라!

당신에게 어떤 일이 생기든 책임은 모두 당신에게 있다. 다른 사람은 어떤 연관성도 없다. 당신이 간절히 원했기 때문에 그 일이 일어난 것이다. 어떤 사람이 당신을 이용했다면 당신이 원했기에 그런 일이 일어났다. 당신이 갇히기를 원했기에 어떤 사람이 당신을 가두었다. 당신이 갇히기를 원하는 데에는 어떤 이유가 있으리라. 아마 당신은 안전을 원했을 것이다. 지위와 계층은 달라도 모든 사람은 갇히면 안전하기에, 어떤 위험도 없기에, 열렬히 감옥을 바란다.

만일 당신이 이런 감옥에 갇혔다면 벽과 씨름하지 말아라! 대신 안을 들여다보아라! 안전을 갈망하는 당신의 마음을 살펴보고 군중들이 당신을 어떻게 조작하는지도 살펴보아라! 당신은 군중들에게 무엇인가를 바라고 있다. 당신을 인정해 줄 것과 책임져 줄 것을, 그리고 당신에게 명예와 존경을 보내주기를 요구하고 있다. 이런 요구가 있으면 거기에 상응하는 대가가 있다. 군중은 이렇게 답한다.

"그래, 존경해 주지. 그 대가로 당신의 자유를 우리에게 줘."

간단한 흥정이 아닌가? 그러나 군중이 당신을 어떻게 하려는 것이 아니다. 근본적인 책임은 당신에게 있다. 그러므로 이런 삶에서 벗어나라!

본래의 면목을 찾아라

그대 자신이 되어라. 세상에 대해서는 조금도 신경 쓰지 말아라. 그러면 세상에서 가장 큰 안식을 느낄 것이며 가슴 가득히 평화를 얻을 것이다. 선禪에서는 이것을 '진짜 얼굴'이라고 부른다. '진짜 얼굴'은 긴장, 허세, 위선, 행동에 대한 규율이 사라지고 이완된 상태이다.

명심해라. 진짜 얼굴을 찾는 것은 아름다운 시詩적 경험이다. 그렇다고 지금의 얼굴과 다른 얼굴이 있다는 뜻은 아니다. 진짜 얼굴을 찾으면 지금과 똑같은 얼굴이되, 모든 긴장을 털어 버리고, 이완되고, 판단하지 않으며, 다른 사람도 무시하지 않는다. 이런 새로운 가치를 품는 것이 진짜 얼굴을 찾는다는 뜻이다.

이런 옛 속담이 있다. '영웅이란 겁쟁이가 되려는 용기가 없는 자

이다.'

당신이 겁쟁이라고 해도 잘못된 것은 아니다. 겁쟁이가 된다는 것은 아주 좋은 일이다. 세상에 겁쟁이가 있어야 영웅도 있는 법이다. 영웅을 낳기 위해 절대적으로 필요한 것이 바로 겁쟁이들이다.

당신이 누구든 간에 당신 자신이 되어라!

지금까지 당신에게 당신 자신이 되라고 이야기한 사람은 없다. 오히려 모든 사람은 이런저런 사람이 되라고 온갖 참견을 해 왔다. 별것 아닌 일에도 간섭을 했다.

학창 시절에 나는 조그만 아이에 불과했지만, 이러이러한 사람이 되라는 말을 듣는 것을 끔찍이 싫어했다. 선생님들은 이렇게 꼬드기곤 했다.

"네가 행동을 바르게 한다면 천재도 될 수 있어."

그러면 나는 "천재는 지옥에나 가라고 해요. 나는 나로만 있고 싶어요."라고 대꾸했다. 내가 책상에 발을 올리고 앉으면 선생님들은 화를 냈다.

"왜 이런 행동을 하는 거니?"

나는 대답했다.

"이 책상은 나에게 아무 불평도 하지 않는걸요. 이것은 나와 책상과의 문제일 뿐인데, 왜 선생님이 화를 내세요? 선생님의 머리 위에 발을 올린 것이 아니잖아요. 저처럼 선생님도 긴장을 푸세요. 이렇게 앉으면 선생님들이 얼마나 말도 안 되는 것을 가르치는지 더 잘 알 수 있거든요."

교실 한쪽에는 아담한 창문이 있어서 나무와 뻐꾸기 같은 새들을 볼 수 있었다. 수업 시간 내내 나는 창밖을 내다보았다. 그러면 선생님이 다가와서 또 물었다.

"도대체 학교에는 왜 오는 거니?"

"우리 집에는 이렇게 하늘을 다 볼 수 있는 창문이 없어요. 집 주위에 뻐꾸기도 다른 새들도 없어요. 집이 시내이고 다른 집들로 둘러싸여 있어서 새가 오지 않거든요. 뻐꾸기는 자기 노랫소리를 듣고 사람들이 얼마나 행복한지 아마 모를 거예요."

"내가 수업을 들으러 학교에 온다고 생각하면 오산이에요. 나는 수업료를 이미 냈고 선생님은 그 돈을 받고 일하는 하인일 뿐이에요. 이 점을 명심하세요. 낙제를 한다고 해도 선생님께 불평하지 않을 거예요. 물론 슬퍼하지도 않고요. 저 밖의 뻐꾸기 소리에 귀를 기울이면서도 수업을 듣는 척하면 그것이야말로 위선적인 삶의 시작이요. 나는 위선자가 되기 싫어요."

모든 것에 교사나 교수들은 어떤 방식의 행동을 요구한다. 내가 학교에 다닐 무렵에는 모자를 쓰는 것이 학교의 규율이었다. 나는 모자를 쓰는 것에 반대하지는 않는다. 대학교를 졸업해서는 모자를 썼으니까 말이다. 그러나 그전까지 절대로 모자는 쓰지 않았다. 이런 나의 행동을 보고 선생님이 말했다.

"왜 학교의 규율을 따르지 않니? 모자는 어디에 있어?"

"학교 법전을 가져와 보세요. 거기에 모든 사람이 모자를 쓰라는 조항이 있나요? 만약 그런 조항이 없다면 선생님이야말로 학교의 규율에 어긋나는 것을 강요하는 거예요."

그는 나를 교장 선생님에게 데리고 갔고, 나는 교장 선생님에게 말했다.

"모자를 쓰는 것이 강제 사항인지 어디 한번 보여 주세요. 법이 그렇다면 학교를 그만두겠어요. 하지만 먼저 그 조항이 있는지 보여 주세요."

어디에도 그런 조항은 없었다.

"모자를 써야 한다는 타당한 근거를 대 보세요. 모자를 쓰면 저의 지성이 훌륭해지나요? 수명이 연장되나요? 더 건강해지나요? 아니면 더 많은 깨달음을 얻게 되나요? 제가 아는 바에 따르면, 벵골은 모자를 쓰지 않는 유일한 지방입니다. 그런데 지성적인 사람들이 많은 주州가 바로 벵골입니다. 펀자브는 그 반대입니다. 거기에서는 모자 대용으로 터번을 씁니다. 큰 터번을 말이죠. 마치 지성이 날아가면 꼭 잡겠다는 듯이. 그러나 펀자브는 인도에서 가장 무지한 지방입니다."

교장 선생님이 말했다.

"네 말에도 일리가 있지만, 이것은 학교 규정이다. 네가 모자를 쓰지 않으면 다른 아이들도 쓰지 않을 것이다."

"무엇이 그렇게 두려우신가요? 모자를 쓰는 관습을 없애 버리면 그만이지 않나요?"

모든 사람은 아주 사소한 일에 대해서도 당신이 당신 자신으로 있도록 내버려 두지 않는다.

어릴 적에 나는 머리를 길게 길렀다. 집과 아버지의 가게가 붙어 있어서 수시로 가게를 들락날락해야 했다. 가게를 지나지 않으면 집으로 들어갈 수가 없었다. 나를 본 사람들은 아버지에게 "저 여자아이는 누구 집 아이요?"라고 물었다. 남자아이가 머리를 기르리라고는 상상조차 하지 못했다.

"우리 집 애요."

아버지는 당황했고 부끄러워했다.

"남자아이가 왜 머리를 기른다는 말이오?"

사람들은 이상하게 생각했다.

어느 날 아버지는 화를 잘 안 내는 성격이었는데, 너무 화가 치밀어 내 머리카락을 잘라 버렸다. 가게에서 재단할 때 사용하는 가위로 긴 머리카락을 싹둑 잘랐다. 나는 아무 말도 하지 않았다. 이것이 아버지를 놀라게 했다.

"아무 할 말 없니?"

"조만간 제 방식으로 말씀드릴게요."

"무슨 말이니?"

"곧 알게 될 거예요."

나는 우리 집 맞은편에 있는 이발소로 갔다. 그곳의 이발사는 아편 중독자였는데, 내가 존경하는 유일한 사람이었다. 동네에는 많은 이

발소가 있었지만, 나는 그 이발사가 좋았다. 그는 특이한 사람이었다. 그도 나를 좋아했다. 우리는 몇 시간이나 이야기를 나누곤 했다.

나는 그에게 가서 말했다.

"내 머리를 완전히 밀어주세요."

인도에서 머리를 완전히 깎는다는 것은 아버지가 죽었을 때 하는 행동이었다. 이발사가 놀라서 물었다.

"무슨 일이니? 아버지가 죽었어?"

"그런 일에 신경 쓰지 마세요. 그냥 내 말대로 해 주세요. 아저씨와는 상관없는 일이잖아요. 그냥 머리나 빡빡 밀어주세요."

"그렇지. 내가 상관할 바가 아니지. 아버지가 죽었으면 죽은 것이겠지."

그리고는 내 머리를 완전히 밀었다. 나는 집으로 돌아왔다. 가게에 들어서자, 아버지와 모든 손님의 눈이 동그래졌다. 손님들은 "무슨 일이랍니까? 저 애는 누구예요? 아버지가 죽었나 봐요."라고 말했다.

"저 애는 우리 집 애예요. 그리고 나는 이렇게 살아 있단 말이오! 하여튼 뭔가 저지를 줄 알았다니까. 저 애는 자기 방식대로 대답한 것이오."

나에게 모든 사람이 물었다.

"도대체 무슨 일이니? 아버지는 정말 건강하셨는데 말이야."

"사람들은 언젠가는 다 죽어요. 저의 아버지에게나 신경 쓰시고 제 머리에는 신경 쓰지 마세요."

위험하게 사는 즐거움

삶은 위기가 있을 때만 활짝 피어난다. 인생은 언제나 위험으로 가득하다. 항상 위기를 감행할 능력을 갖추어라! 인생을 위태롭게 하는 모든 기회를 놓치지 말고 꼭 붙잡아라! 위험은 진정한 삶을 살게 해 주는 단 하나의 보증서이다.

용기 있는 사람은 아무것도 두려워하지 않고 앞으로 나아간다. 어떤 위험도 마다하지 않는다. 그들의 인생철학은 보험회사의 인생철학과는 다르다. 등산가, 행글라이더 타는 사람, 파도 타는 사람의 인생철학과 다를 바 없다. 그들은 바깥 바다에서 파도타기를 즐길 뿐만 아니라, 가장 깊은 내면의 파도도 탄다. 알프스와 히말라야 같은 바깥 산뿐만 아니라 내면의 봉우리에도 오른다.

위험하게 산다는 것은 살아 있다는 의미이다. 위험하게 살지 않으면 당신은 살아 있는 것이 아니다. 안전이라는 틀 안에서 삶은 절대 꽃피우지 않는다. 불안전할 때 인생의 꽃이 활짝 피어난다.

안전하게 사는 사람은 고여 있는 웅덩이와 같다. 이때 에너지는 더 흐르지 않는다. 안전하게 사는 사람은 위험을 감행하려고 할 때 두려움이 앞선다. 미지의 세계로 어떻게 들어가야 할지 모르기 때문이다. 그리고 이런 위험을 감수할 이유도 없어 보인다. 기존 세계는 안전하다. 이런 익숙한 것에 당신은 사로잡혀 헤어나지 못한다. 당신은 기존 세계에 싫증 나고 흥미도 잃었다. 그리고 불행하다고 느낀다. 그러나 그 세계는 여전히 익숙하고 편안하다. 적어도 당신이 아는 세계이다.

그러나 미지의 세계는 당신 안에 두려움을 불어넣는다. 미지의 세계라는 생각 자체만으로도 불안함을 느끼기 시작한다.

세상에는 두 종류의 인간이 있다. 편안하기를 원하는 사람과 살아 있기를 원하는 사람이다. 편안하게 살기를 원하는 부류는 죽음을 향해 나아가고 있다. 그들이 원하는 것은 편안한 무덤이다. 그러나 살기를 원하는 사람은 위험하게 사는 방식을 택한다. 삶은 위기가 있을 때만 활짝 피어나기 때문이다.

산에 오른 적이 있는가? 더 높이 오를수록, 신선한 공기를 더 많이 들이마실 것이고 젊음을 더 느낄 것이다. 떨어질 위험이 클수록, 낭떠러지가 더 깊을수록 당신은 살아 있음을 가슴 가득히 느낀다. 생사의 갈림길에서 삶은 전율로 다가온다. 조금의 권태도, 과거에 대한 어떤 회한도, 미래에 대한 어떤 바람도 없다. 현재의 순간이 마치 불꽃처럼 선명하게 가슴 속에 박힌다. 당신은 지금 여기에 살고 있다. 이것으로 충분하다.

파도나 행글라이더를 탈 때 목숨을 잃을 위험이 도사린다. 생명에 대한 위험이 있을 때 오히려 생생히 살아 있음을 느낀다. 그리고 짜릿한 기쁨을 느낀다. 그래서 사람들은 위험한 스포츠에 매혹된다.

많은 사람이 산에 오른다. 어떤 사람이 에드먼드 힐러리 등산가, 1953년 에베레스트산을 최초로 등정함_역주에게 물었다.

"에베레스트산에 오르려는 이유가 무엇입니까?"

"산이 거기에 있으니까요. 항상 도전을 주지요."

힐러리는 이렇게 대답했다. 에베레스트는 마魔의 산이다. 많은 등산가가 에베레스트산에 뼈를 묻었다. 많은 등정대가 그 산에 올랐다. 그렇게 많은 사람이 목숨을 잃기도 했다. 그러나 지금까지도 사람들은 에베레스트산에 오른다. 무엇이 그토록 사람들을 매혹하는 것일까?

일상의 안정된 삶에서 멀리 벗어나 더 높은 곳에 이를수록 당신은 자연 본연의 모습으로 돌아간다. 야생의 본성이 살아난다. 당신은 호랑이나 사자와 같은 삶을 다시 회복한다. 강과 같은 삶을 회복한다. 새처럼 하늘로 높이 솟구쳐 올라간다. 이전의 안정된 삶, 은행 잔액, 아내, 남편, 가족, 사회, 교회, 모든 책임감은 멀리 까마득하게 사라진다. 당신은 이제 혼자이다.

이런 이유로 사람들은 스포츠에 지대한 관심을 쏟는다. 그러나 아무리 위험한 스포츠라도 기술을 연마하면 위험하지 않다. 기술은 익히고 훈련하면 된다. 나는 이것을 '계산된 위험'이라고 부른다. 등산 기술은 익힐 수 있다. 사고 예방책도 마련할 수 있다. 하늘에서 시간당 100마일의 속도로 떨어질 때 위험과 전율이 있다. 그러나 낙하 기술을 잘 연마하면 된다. 문외한에게나 위험한 것이다. 스포츠는 위험하지만, 일정한 한계가 있는 위험이다. 스포츠는 몸을 사용하는 것이라서 육체적으로나 위험할 따름이다.

내가 말하는 위험은 신체의 위험뿐만 아니라 심리적 위험, 더 나아가 영적인 위험이다. 종교적인 사람이 되려면 영적 위험이 동반된다. 다시는 돌아올 수 없는 높이까지 올라가는 것이다. 불교 용어인 아나함阿那含, 불교에서 욕계(欲界)의 번뇌를 끊어 버린 성자를 일컫는 말_역주이 이런 뜻이다. 다시는 돌아올 수 없는 사람이라는 뜻이다. 도저히 돌아오지 못할 그런 높이까지 오를 때, 그 사람은 존재 세계와 하나가 되어 '나'라는 개인이 사라진다. 그리고 다시는 돌아오지 않는다.

위험하게 살라는 말은 시장市長이나 협회 회원 같은 직업적인 인생을 살지 말라는 뜻이다. 이런 삶은 진정한 삶이 아니다. 좋은 직업을 가지고 돈을 많이 벌면 은행에 돈이 차곡차곡 쌓이는 등, 모든 일이 잘 돌아가는 것 같다. 그렇지만 한번 그 삶을 들여다보아라! 당신은 서서히 죽음을 향해 나아가고 있을 뿐, 아무것도 이룬 것이 없다. 생전에 많은 존경을 얻었다면 당신의 장례 행렬에는 사람들의 줄로 가득 찰 것이다. 꽤 장대할 것이다. 그러나 그것으로 끝이다. 아마 신문에 사진이 실리고 사설에 당신의 이야기가 나올 수도 있다. 그러나 곧 당신은 사람들의 기억에서 사라진다. 기껏 이런 것들을 얻으려고 인생을 살겠는가?

주의 깊게 지켜보아라! 인간들은 세속적인 것들을 위해 인생 전체를 헛되이 낭비한다. 영적인 사람이란 세속의 것이 중요하지 않음을 깨달은 사람이다. 그렇다고 그런 것이 아예 가치가 없다는 말이 아니다. 의미는 있되, 당신의 생각만큼은 아니라는 것이다.

인생을 살아가는 데에 돈은 필수품이다. 그러나 돈은 목적이 아니며 목적이 될 수도 없다. 집도 물론 필요하다. 집도 필수품이다. 나는 금욕주의자가 아니다. 당신이 집을 부수고 히말라야로 은둔하기를 원하지 않는다. 집은 필요하다. 그러나 집은 당신을 위해 필요하다. 이 점을 착각하지 말아라!

내가 지켜본 바에 따르면, 주객이 전도되었다. 사람들은 마치 집을 위해 그들이 필요한 것처럼 산다. 집을 위해 또는 은행 잔액을 위해 그들이 존재하는 것처럼 계속 돈을 긁어모으다가 죽는다. 그들은 안전이라는, 익숙함이라는, 의무라는 감옥에 갇혀 있다.

인생이 지루하다고 느껴지는 것은 매우 자연스러운 일이다. 사람들은 나에게 찾아와서는, 삶이 너무 권태로워서 견디지 못하겠다고 말한다. 일상에 싫증이 나서 오지도 가지도 못할 지경에 이르러 어떻게 해야 하는지를 묻는다. 사람들은 만트라를 계속 외우면 다시 활력을 얻을 수 있다고 생각한다. 그러나 그렇게 쉽게 되는 일이 아니다. 인생 전체의 패턴을 바꿔야 한다.

사랑해라! 그러나 내일 한 여자가 당신 앞에 나타난다고 해서 사랑이 이루어질 수 있다는 생각은 하지 말아라! 기대해서도 안 된다. 그리고 여자를 아내로 전락시키지 말아라! 위험하게 인생을 살아라! 남자를 남편으로 격하시켜서도 안된다. 당신의 남자를 남편이 아닌 남자로, 당신의 여자를 아내가 아닌 여자로 받아들여라! 그리고 내일 일을 예상하지 말아라! 어떤 기대도 없이 모든 일을 받아들여라! 이것이 위험하게 산다는 뜻이다.

그런데 우리는 어떠한가? 한 여자와 사랑에 빠지자마자 법원으로, 등기소로, 교회로 달려가 결혼을 한다. 결혼하지 말라는 이야기가 아니다. 일종의 의례로써 결혼은 필요하다. 결혼하여 사회를 안심시켜라! 그러나 당신의 마음속 깊은 곳에서 여자를 소유로 생각하지 말아라! 일 분 일 초도 "너는 내 거야."라고 말하지 말아라! 여자를 소유하기 시작하면 여자 역시 당신을 소유하기 시작한다. 그러면 당신과 연인 사이의 사랑은 이제 존재하지 않는다. 서로를 부수고 죽이면서 서서히 마비시킬 뿐이다.

사랑해라! 그러나 사랑을 결혼으로 끌어내리지는 말아라! 일을 해라! 일은 필요하다. 그러나 일이 삶의 전부가 되어서는 안 된다. 일이 아닌 놀이가 당신 인생의 중심에 있어야 한다. 일은 놀이를 위한 수단이다. 놀기 위한 시간과 기회를 얻기 위해 사무실에서, 공장에서, 상점에서 열심히 일해라! 당신의 인생을 틀에 박힌 근무로 전락시키지 말아라! 인생의 목적은 놀이이다!

진정한 놀이는 놀이 자체가 목적이 되어야 한다. 어떤 일을 하든 그 일 자체를 즐긴다면 당신의 삶은 더욱 활기찰 것이다. 물론 당신의 삶은 항상 위태롭고 위험할 것이다. 그러나 인생이란 이래야 한다. 위험은 인생의 한 부분이다. 사실 위험은 인생의 다른 어떤 부분보다 멋지다. 아니, 위험은 인생의 가장 멋진 요소이다. 인생의 가장 아름다운 부분이 위험이다. 인생은 항상 위험으로 가득하다. 숨을 들이마시고 내쉬는 것, 이것이 얼마나 위험한가. 숨을 내쉬었다가 그 숨이 다시 들어올지 누가 알겠는가? 이렇듯 숨쉬기조차 그 누구도 보증하지 못하는 불확실한 일이다.

몇몇 사람은 종교를 하나의 안전장치로 본다. 신에 대해 이야기를 할 때조차 마치 신이 최고의 보호막이라도 된 양 말한다. 사람들은 두려움이 엄습할 때라야 신에 대해 생각한다. 기도하거나 명상하는 것은 신의 '명부'에 이름이 기록되기 위해서이다. "만약 신이 있다면, 내가 정기적으로 교회에 가서 신에게 경배드리는 것을 알겠지. 나는 충분히 증명할 수 있어." 이렇게 기도마저 하나의 수단으로 전락한다.

위험하게 산다는 것은 매 순간이 세계의 종말이라도 된 양 인생을 살라는 뜻이다. 일 분 일 초는 그 나름의 가치를 지닌다. 시간을 두려워할 필요가 없다. 언젠가 죽는다는 사실을 당신은 알게 될 것이다. 그러면 피하지 말고 죽음이 거기에 있음을 받아들이면 된다. 아니, 더 나아가 죽음을 직면해야 한다. 죽음을 직면하는 순간을 즐겨라! 육체적으로, 심리적으로, 영적으로 죽음을 반겨 맞아라!

죽음과 직접 대면하는 순간에 죽음이 하나의 현실로 다가오는 순간을 즐기라는 것은 위험하게 살라는 말과 일맥상통한다.

용기 있는 자는 아무것도 두려워하지 않고 앞으로 나아간다. 위험을 만날 모든 기회를 찾는다. 그들의 인생철학은 보험회사의 인생철학과는 다르다. 등산가, 행글라이더 타는 사람, 파도를 타는 사람의 인생철학과 같다. 그들은 바깥 바다에서 파도타기를 즐길 뿐만 아니라 가장 깊은 내면의 파도도 탄다. 알프스와 히말라야 같은 바깥 산뿐만 아니라 내면의 봉우리에도 오른다.

명심하라. 위험의 미학을 잊어서는 안 된다. 항상 위기를 감행할 능력을 갖추어라. 인생을 위태롭게 하는 모든 기회를 놓치지 말고 꼭 붙잡아라. 위험은 진정한 삶을 살게 해 주는 단 하나의 보증서이다.

무엇을 하든 인생은 불가사의하다

　마음은 설명할 수 있는 개념만을 받아들인다. 설명 불가능한 것은 인정하지 못한다. 그래서 모든 것이 제대로 설명되기를 재촉한다. 그것이 불가능하다면 마음은 변명이라도 요구한다. 그래도 여전히 수수께끼요, 모순으로 남는 것이 있다면 마음에는 분란이 시작된다.

　철학, 종교, 과학, 수학의 전체 역사를 살펴보면 이것들이 마음이라는 같은 뿌리에서 나왔음을 알 수 있다. 마음의 가려움증을 해소하기 위해 나온 것이다. 마음의 가려움증을 해소하려고 어떤 사람은 종교라는 방법으로, 다른 사람은 철학이라는 방법으로 긁는다. 그러나 먼저 이 가려움증이 무엇인지 이해해야 한다. 가려움증은 이것이니, 존재 세계는 신비하지 않다는 믿음이다. 존재 세계에 신비감이 없다고 믿게 되면 가려움증은 해소된다.

  종교는 하느님, 성령, 독생자를 창조함으로써 존재 세계의 신비감을 깎아내린다. 세상의 모든 종교는 그 나름대로 다른 것들을 창조했다. 막을 수 없는 구멍을 막아 보려고 각자 나름의 방식을 동원한다. 손바닥으로 하늘을 가리려는 식이다. 그러나 어떤 방식을 동원하든 구멍은 거기에 있다. 덮으려고 안간힘을 쓸수록 구멍이 거기에 있다는 사실을 더 강조할 뿐이다. 구멍을 막는 데 그토록 노력을 기울이는 것은 다른 누군가가 그 구멍을 볼까 봐 두렵기 때문이다.

  이 구멍을 막기 위해 여러 방법이 이용되는데, 특히 수학이 그렇다. 수학이야말로 순수한 마음의 게임이다. 수학이 마음의 게임이 아니라고 생각하는 수학자들이 있는데, 이들은 신이 실재한다고 생각하는 신학자들과 같다. 신은 하나의 관념에 지나지 않는다. 만약 초원의 말에게도 생각하는 능력이 허락된다면 말의 신은 말의 형상일 것이다. 절대 말의 신이 인간일 리가 없다. 인간이 말에게 얼마나 잔인하게 대했는지 생각해 본다면 말의 눈에 비치는 인간은 악마로 비춰질 것이다. 인간 종족마다 제각기 다른 신관神觀이 있듯이 모든 동물도 그 나름의 신관을 가질 것이다.

  관념이란 인생의 신비로움에 대한 대체물이다. 척박한 현실로는 전혀 메워지지 않는 신비로운 여백을 메우기 위한 대체물이다. 우리는 이 여백을 관념으로 채운다. 그리고 마치 인생을 다 이해한 것 같은 착각에 빠져서 만족해한다.

'Understand'라는 영어 단어에 대해 생각해 본 일이 있는가? 이 말은 '밑으로Under 놓는다Stand'라는 뜻이다. 원래 이런 뜻이 어떻게 전혀 다른 의미로 변했는지 이상한 일이다. 당신 밑에 놓이는 어떤 것이든, 당신의 지배하에, 당신의 권력 하에, 또는 당신의 발아래에 놓이는 어떠한 것에 대해서든 당신은 주인이 된다.

사람들은 이와 같은 방식으로 삶을 이해하려고 애써 왔다. 그래서 삶을 그들의 발아래에 놓고 선언을 한다.

"우리가 주인이다. 우리가 이해하지 못하는 것은 세상에 없다."

모든 것을 이해한다니, 불가능한 일이다. 당신이 무엇을 하든 인생은 불가사의하며 계속해서 신비로 남는다.

피안의 세계는 이 세상 곳곳에 있다. 우리는 저 너머의 세계에 둘러싸여 있다. 초월은 신의 본성이다. 그러므로 이 초월이 무엇인지 반드시 깨달아야 한다. 그것은 당신 안에도 있으며 당신 밖에도 있다. 거기에 항상 있다. 그러나 우리는 그것에 대해 잊고 있다. 초월의 세계를 보는 것은 불편함을 안겨 주기 때문이다. 마치 낭떠러지를 바라보면 온몸이 떨리고 구토 증세가 나는 것과 같다. 낭떠러지가 옆에 있다는 것을 아는 순간, 우리는 두려움을 느끼기 시작한다. 그래서 낭떠러지를 들여다보는 사람은 없다. 다른 방향으로 고개를 돌린다. 우리는 이렇게 현실을 피한다. 현실은 낭떠러지와 같다. 현실은 텅 빈 공백 상태이기 때문이다. 현실은 끝없이 펼쳐진 광대한 하늘이다. 붓다는 이것을 두란가마 遠行地, 먼 곳을 향하는 것. 저 너머의 부름을 받아들이는 것_역주라고 불렀다. 저 너머의 부름을 받아들이라는 것이다. 경계선을 만들어 스스로 가두지 말아라! 항상 뛰어넘어라! 필요하다면 경계선을 그을 필요는 있지만, 언젠가는 그 너머로 나아가야 한다. 이 점을 항상 명심해라! 감옥을 만들지 말아라!

우리는 많은 종류의 감옥을 만들어 자신을 가둔다. 사람과의 관계, 믿음, 종교 모두 감옥이다. 그 안에서 우리는 안락함을 느낀다. 감옥 안에는 거친 바람이 불어닥치지 않는다. 보호받는다는 느낌을 받는다. 하지만 보호라는 것은 전혀 없다. 거짓이다. 언젠가는 죽음이 찾아와 당신을 저 너머의 세계로 끌고 가기 때문이다. 죽음이 찾아와서 끌고 가기 전에 당신 자신의 발로 저 너머의 세계로 들어가라!

이런 이야기가 있다.

죽음을 코앞에 둔 한 선승禪僧이 있었다. 그는 무려 90살이었다. 임종이 가까이 오자, 노승은 눈을 번쩍 뜨고는 말했다.

"내 신발이 어디 있느냐?"

그러자, 제자가 말했다.

"어디로 가시려고요? 정신 차리세요. 의사도 더는 가망이 없다고 말했습니다. 길어야 몇 분입니다."

"그래서 신발을 찾는 것이다. 내 발로 묘지에 가야겠다. 다른 사람에 의해 끌려가는 것은 싫다. 내 발로 걸어가 거기에서 죽음을 만나리라. 끌려가는 것은 싫다. 지금까지 누구에게 팔 하나 기댄 적이 없다.

4명의 사람이 나를 들고 묘지로 향하는 것은 생각만 해도 추하다. 그렇게는 못 한다."

그는 묘지로 향했다. 그뿐만 아니라 자신의 무덤을 직접 팠다. 그리고 거기에 들어가 누워 죽었다. 이것이야말로 미지의 세계를 직접 맞이하는 용기이며 저 너머의 세계를 기꺼이 환영하려는 용기이다. 이럴 때 죽음은 다른 것이 된다. 더는 죽음으로 머물지 않는다.

이런 용기 있는 사람은 절대 안 죽는다. 죽음은 그 앞에서 패배한다. 그는 죽음을 초월한다. 그 자신의 발로 저 너머의 세계로 들어가는 사람에게 저 너머의 곳은 죽음을 뜻하지 않는다. 그럴 때 초월의 세계는 당신을 환영해 맞이한다. 당신이 저 너머를 환영하면 그곳 역시 당신을 환대한다. 저 너머의 것은 항상 당신의 행동을 똑같이 되풀이한다.

인생은 항상 거친 들판 속이다

당신 주위에는 에고가 벽처럼 둘러싸고 있다. 보호하기 위해 둘러싸는 것이라고 에고는 당신을 유혹한다. 에고의 유혹은 이렇게 이루어진다.

"내가 없으면 너는 보호받을 수 없어. 금방 외부로부터 상처받을 거야. 세상에는 너무 많은 위험이 있거든. 그러니 나에게 너의 보호를 맡겨 줘. 자, 이제 너를 에워싸도 되지?"

그렇다. 에고 안에 있으면 당신은 어느 정도 보호받을 것이다. 그러나 곧 그 벽은 당신을 가두는 감옥이 된다. 물론 일종의 보호막이 될 수 있다. 이런 보호막조차 없다면 에고가 일으키는 수많은 불행을 모두 감당할 수 있는 사람은 없을 것이다. 에고는 보호막을 쳐서 당신을 적으로부터 지킨다. 그러나 그뿐만 아니라 친구들도 접근하지 못하도록 차단한다.

이것은 적이 무섭다고 모든 문을 잠그고 그 뒤로 숨는 것과 같다. 문이 잠겨 있기에 아무도 안으로 들어올 수 없다. 적뿐만 아니라 친구 역시 들어오지 못한다. 친구가 들어오도록 문을 열면 적 역시 침입할 수 있기에 문을 모두 걸어 잠근다.

이 점을 곰곰이 생각해 보아라! 이것은 인생에서 가장 큰 문제 중의 하나이다. 용기가 있는 소수의 사람만이 이 문제를 현명하게 다룬다. 다른 사람은 겁쟁이가 되어 숨는다. 그리고 인생 전체를 잃어버리고 만다.

인생은 위험하다. 그러나 죽음은 위험하지 않다. 이미 죽어 있는 사람에게 칼을 들이대는 사람은 없다. 그렇기에 죽음은 아무 문제를 일으키지 않는다. 무덤 안으로 들어가 인생을 종결지어라! 질병도 없고 근심도 없고, 따라서 당신을 괴롭히는 문제도 없다. 모든 문제에서 해방되는 것이다.

그러나 당신이 살아 있다면 수많은 문제가 발생한다. 더 활력 넘치는 사람일수록 문제의 가짓수는 더 많다. 그러나 잘못될 것은 아무것도 없다. 문제들과 씨름하면서, 도전을 받아들여 싸우면서 당신은 성장할 수 있기 때문이다.

에고는 당신을 감싼 미세한 벽이다. 당신에게 그 누구도 들어오지 못하도록 막는다. 당신은 보호받고 있다고 생각하겠지만, 이런 안전의식은 죽음과 다름없다. 마치 씨앗이 느끼는 안전의식과 같다. 식물은 씨앗 밖으로 발아하는 것을 두려워한다. 세상은 위험으로 가득한데, 식물은 너무 연약하고 여리다. 이런 세상에 나가서 어떤 일을 당할지 누가 알겠는가? 그래서 씨앗이라는 벽 뒤에, 씨앗이라는 밀실 안에 숨는다. 그리고는 안전하다고 느낀다.

어머니 자궁 속에 있는 태아를 생각해 보아라! 모든 것이 그 안에 전부 존재한다. 태아가 원하는 것은 무엇이든 그 안에서 즉시 충족된다. 걱정도 싸움도 미래도 없다. 태아는 행복하게 살 뿐이다. 모든 것은 어머니가 알아서 마련해 준다. 그래서 어머니 자궁 속에 영원히 남아있고 싶은가? 당신에게 선택권이 주어진다면 세상이 아닌 자궁을 택하겠는가? 자궁 안은 너무 편안하다. 세상에 이런 편안함이 어디 또 있겠는가? 인간의 힘으로는 도저히 자궁만큼 편안한 공간을 만들 수 없다고 과학자들은 말한다. 자궁이야말로 최후의, 그리고 궁극적인 안식처처럼 보인다. 걱정도 문제도 없으며 일할 필요도 없다. 생존의 완벽한 공간이 아닌가? 그리고 모든 것은 자동 공급된다. 필요한 것이 있으면 즉시 공급된다. 숨쉬기도 어머니가 아기를 위해 대신해 준다. 음식에 대해서도 걱정할 필요가 없다. 어머니가 대신해서 먹어 준다.

어머니의 자궁 안에 머물고 싶은가? 자궁 안은 편안할지는 모르지만, 거기에 삶은 없다. 인생은 항상 거친 들판 속에 있다. 삶은 항상 밖에 있다.

황홀경이라는 영어 단어 'Ecstasy'는 매우 의미 깊은 말이다. 이것은 '나가다Stand out'라는 뜻이다. 모든 껍질, 모든 보호막, 모든 에고, 모든 안식처, 모든 벽으로부터 나가라는 뜻이다. 황홀해진다는 것은 밖으로 나가 자유의 몸이 되어 움직인다는 뜻이다. 강물처럼 계속 움직이는 존재가 된다는 뜻이다. 거센 바람이 당신을 꿰뚫고 지나갈 수 있도록 당신의 가슴을 활짝 열어젖히라는 뜻이다.

우리는 이런 말을 한다. "이 경험은 끝내주는 거였어Outstanding." 끝내주게 좋은 것, 이것이 바로 황홀경의 뜻이다.

씨앗의 껍질이 깨지고 그 안에 숨겨 두었던 빛이 모습을 드러내기 시작하는 것, 모든 편함과 편리를 제공하는 자궁을 뒤로 하고 아기가 미지의 세계로 나오는 것, 이것이 황홀경이다. 새가 알을 깨고 나와 하늘로 날아가는 것, 이것이 황홀경이다.

에고는 알과 같다. 당신은 그 껍질을 까고 밖으로 나와야 한다. 황홀을 느껴라! 모든 보호막과 껍질과 안전장치에서 나와라! 그러면 더 광대한 세계, 끝없이 펼쳐진 세계를 얻을 것이다. 오직 그럴 때만 당신은 살아 있다. 그 삶에는 차고 넘치는 풍족함이 있다.

그러나 두려움이 당신의 발목을 잡는다. 아기는 자궁에서 나가기 전에 나갈까 말까를 고민한다. 사느냐 죽느냐이다. 그래서 한쪽 발은 앞으로, 다른 발은 뒤로 뺀다. 아마도 이래서 어머니는 출산할 때 그토록 많은 고통을 겪는 것 같다. 아기는 아직 황홀경을 느낄 준비가 덜 되어 있기에 망설인다. 과거는 아기에게 도로 들어가라고 외치며,

또한 미래는 나오라고 소리친다. 아기는 갈피를 잡지 못한다.

이것이 당신을 둘러막고 있는 우유부단이라는 이름의 벽이다. 과거에 집착하고 에고에 매달려 있는 형국이다. 당신이 어디를 가든 이 벽과 함께이다. 가끔 아주 드물게 정말 살아 있음을 느끼고 예민하게 깨어 있을 때 당신은 이 벽을 볼 수 있다. 그렇지 않으면 이 벽은 매우 투명하기에 보이지 않는다. 이런 밀실에 갇혀 산다는 사실을 모른 채 인간은 인생을 산다. 현재의 삶뿐만 아니라 이전의 여러 삶에서도 마찬가지이다. 모든 출입구가 잠겨 있고 창문도 없는 밀실에서 그저 갇혀 지내는 것이다. 라이프니츠 1646~1716, 독일의 철학자 겸 자연과학자. 단자론(單子論, Monadologia)』이라는 저서가 유명함_역주 라는 철학자는 이런 삶을 '모나드' monad, 라이프니츠가 주장한 모든 존재의 기본 단위. 모나드는 각기 독립되어 있고 상호 간에 인과관계(因果關係)를 가지지 않음. '모나드는 창(窓)을 가지고 있지 않다'라고 라이프니츠는 말했음_역주 라고 불렀다. 문도 없고 창문도 없이 안에 갇힌 것이다. 그러나 그 벽은 유리처럼 투명해서 볼 수 없다.

이런 에고를 떼어버려야 한다. 용기를 내어 이것을 깨부숴야 한다. 지옥을 스스로 짓고 있음을 모른 채 사람들은 수만 수천 가지 방법으로 에고에 영양분을 줌으로써 기른다.

코크레인 부인은 남편의 관棺 옆에 서 있었다. 그리고 옆에는 아들이 서 있었다. 조문객들은 고인에 대한 회상에 잠기면서 1명씩 관 옆을 지나갔다.

"고통이 전혀 없어 보이는군요."

옆집 코레이 부인이 말했다.

"어쩌다가 돌아가셨나요?"

"불쌍한 양반 같으니. 임질로 죽었답니다!"

코크레인 부인이 대답했다.

또 다른 여자가 관을 들여다보고는 말했다.

"고인께서는 편안한 얼굴로 돌아가셨군요. 왜 돌아가셨나요?"

코크레인 부인은 대답했다.

"임질이랍니다!"

아들이 어머니를 한쪽으로 끌고 가더니 말했다.

"엄마, 아빠에 대해 왜 그렇게 끔찍한 말을 하는 거예요? 아빠는 임질이 아니라 설사로 돌아가신 거잖아요."

"나도 안단다, 애야."

코크레인 부인이 말했다.

"하지만 똥 싸다가 죽었다는 것보다는 즐기다가 죽었다고 말하는 게 더 낫지 않겠니?"

끝까지 사람들은 에고의 게임에서 벗어나지 못한다.

에고는 당신이 진실하도록 내버려 두지 않는다. 계속해서 거짓 행동을 하도록 강요한다. 에고는 거짓말 자체이다. 그러므로 서둘러 결단을 내려야 한다. 지금까지 당신이 길러왔던 에고를 산산조각 낸다는 것은 엄청난 용기를 요구한다. 에고가 깨짐과 동시에 당신의 과거 전체가 부서진다. 에고와 함께 당신도 완전히 부서지는 것이다. 부서지고 나면 과거의 당신이 아닌 다른 누군가가 그 자리에 서 있다. 당신 안에 새로운 존재가 나타난 것이다. 과거에 의해 타락하지 않은 순수하고 청량한 존재가 서 있다. 그럴 때 어디에도 벽은 없다. 당신이 어디를 가든 끝없이 펼쳐진 무한한 세계가 있을 뿐이다.

한 노인이 단골 술집에 갔다. 그런데 낯익은 종업원 대신에 새 여자가 가게를 보고 있었다. 노인은 처음에는 당황했지만, 이윽고 정중하게 그녀에게 말했다.

"지금까지 살아오면서 당신처럼 예쁜 사람은 처음 보오."

건방지기 짝이 없는 새 종업원은 이 말을 듣더니 고개를 치켜올리고 비꼬는 것처럼 말했다.

"죄송하지만, 답례의 말은 하지 않겠어요."

노인이 조용히 말했다.

"아, 그러지 말고, 아가씨. 나처럼 그렇게 말해 주지 않겠어요? 나처럼 거짓말도 하지 못한다는 거요?"

모든 의례적인 행동과 말은 서로의 에고를 만족시켜 줄 뿐이다. 모든 의례는 전부 거짓이다. 누군가에게 어떤 말을 하면 상대방은 답례로 그와 비슷한 말을 한다. 두 사람 모두에게 진실은 없다. 그저 게임을 할 뿐이다. 모든 예법, 의례, 예의 바른 얼굴들과 가면들뿐이다. 어디에도 진실은 없다.

먼저 당신이 할 일은 당신을 둘러싼 벽을 알아차리는 것이다. 당신이 그것을 보지 못한다면 벽은 점점 더 두꺼워진다. 매일 벽의 두께가 더해진다. 그러므로 기다리지 말아라. 당신 주위에 벽이 있다고 느껴지면 가차 없이 지금 깨부수어라. 거기에서 벗어나라. 단 한 가지의 결단만이 필요하다. 그밖에 다른 것은 필요 없다. 그리고 나서 내일부터 다시는 에고의 벽을 스스로 키우지 말아라. 다시금 에고를 기른다고 여겨지면 당장 멈추어라. 며칠이 지나면 에고가 죽었음을 알게 될 것이다. 지속적인 관심과 영양분을 주지 않으면 에고는 말라 죽고 만다.

궁극적인 용기는 시작도 끝도 없다

 우리가 느끼는 두려움은 여러 가지이다. 그러나 근본적으로는 한 가지 두려움에서 모든 두려움이 뻗어나간다. 한 나무에서 여러 개의 가지가 나오는 것과 같다. 그 나무의 이름은 죽음이다. 당신은 두려움이 죽음과 연관되어 있으리라고는 생각조차 못 했을 것이다. 그러나 모든 두려움은 죽음과 연관되어 있다.
 두려움은 그림자에 불과할 뿐이다. 정말 파산을 두려워하고 있음을 사람들은 평상시에는 잘 모른다. 사람들은 무일푼이 되는 것을 매우 두려워한다. 무일푼일 때 죽음에 무방비 상태로 노출된다고 여기기 때문이다. 어떤 방법을 써도 죽음을 피해갈 수 없음을 잘 알면서도 사람들은 돈을 죽음을 막는 방패처럼 여긴다. 돈이 하는 일이 있기는 하다. 그러나 돈은 당신을 바쁘게 만든다. 정신없이 바빠지면 의식이 깨어날 가능성은 아예 없다. 일종의 마약과 같다.

알코올 중독이 있듯이 일 중독이라는 것도 있다. 일 중독에 걸린 사람들은 어떤 일에 빠져 헤어나오지 못한다. 절대 일을 떠나지 못한다. 그들은 휴일을 무서워한다. 한순간도 조용히 앉아 있지 못한다. 휴일이면 같은 신문을 세 번 읽으면서 시간을 보낸다. 사람들은 그 무엇에 매달려 바빠지기를 원한다. 일이 그들과 죽음 사이를 잠시나마 가려 주기 때문이다. 이렇듯 본질을 살펴보면 결국 죽음만이 유일한 두려움이다.

다른 모든 두려움은 곁가지임을 깨닫는 것이 중요하다. 두려움의 근원을 알 때만 두려움에서 벗어날 수 있다. 죽음이 가장 근본적인 공포라면 그 공포에서 벗어나는 길은 오직 하나, 당신의 내면에서 불멸의 순수 의식을 경험하는 것이다. 돈, 권력, 명성 그 어떤 것도 도움이 되지 않는다. 죽음을 초월할 수 있는 길은 깊은 명상 외에는 없다. 명상은 당신에게 육체도 죽을 것이고 마음도 죽을 것이라는 진실을 알려 준다. 그럼 당신은 육체와 마음 양쪽의 구속에서 벗어날 수 있다. 당신의 본질적인 핵심, 삶의 본질적인 원천은 이 세상에 태어나기 전에도 이 세상을 떠난 후에도 여기에 계속 있다. 많은 모습을 거쳐 변화할 뿐이다. 많은 모양을 거쳐 진화할 뿐이다. 시작이라는 것은 시작했을 때부터 한 번도 사라져 본 적이 없다. 끝이 있다고 해도 끝까지 절대 사라지지 않을 것이다. 나는 시작과 끝이라는 것을 믿지 않는다.

존재 세계는 시작과 끝이 없다. 항상 여기에 있다. 당신도 항상 여기에 있다. 모습만 계속 변한다. 현재의 삶을 살면서도 당신은 많이 변한다.

당신이 어머니의 자궁으로 들어간 바로 첫날, 당신은 점처럼 작은 크기였다. 그때의 모습을 사진으로 찍어 지금 보여줘도 그것이 당신이라는 것을 알아채지 못할 것이다. 그리고 그 이전에는 어떤 모습이었을까?

두 사람이 얼마나 기억력이 좋은지에 대한 논쟁을 벌이고 있었다. 한 사람이 3살 때까지 기억한다고 말하자, 다른 사람이 말했다.

"그것은 아무것도 아니야. 나는 엄마와 아빠가 소풍 간 날을 기억해. 소풍을 떠났을 때는 아빠의 몸속에 내가 있었는데, 소풍에서 돌아올 때는 엄마의 몸속에 있더라."

당신이 아버지의 몸속에 있을 때의 모습을 알아볼 수 있겠는가? 직접 볼 수 있도록 사진을 확대해 보여 줄 수도 있지만, 당신은 알아보지 못할 것이다. 그러나 그것은 같은 삶의 모습이다. 당신을 지금의 모습으로 자라게 한 같은 삶의 원천이다.

당신은 매일 변한다. 막 태어난 생후 첫날의 모습을 사진으로 보면 전혀 자신이라고 생각되지 않을 것이다. 아마 이렇게 말할 것이다.

"맙소사, 이 아기가 나야?"

모든 것은 변한다. 당신은 젊음을 뒤로 하고 노인이 될 것이다. 어린 시절은 오래전에 이미 사라지고 죽음이 코앞에 닥친 것이다. 그러나 그저 모습만 변할 뿐으로 본질은 같다. 인생의 여정을 따라 겉모습만 변할 뿐이다.

당신의 모습은 매 순간 변한다. 그러므로 죽음도 변화에 불과하다. 생사가 주는 변화는 성장할 때의 변화보다 규모가 크고 빠를 뿐이다. 아동기와 청년기를 거치는 동안에 당신은 언제 어린아이에서 청년으로 되었는지 알아차리지 못한다. 또한 청년기에서 노년에 이르는 동안 몇 년, 며칠, 무슨 요일에 청년기에서 벗어났는지 기억하지 못한다. 변화가 아주 천천히 이루어진 것이다. 변화는 점진적으로 천천히 이루어진다.

죽음이란 한 몸에서 다른 몸으로의, 한 모습에서 다른 모습으로의 갑작스러운 비약을 뜻한다. 그러나 이것이 당신의 끝이 아니다.

당신은 태어나지도 않았으며 절대 죽지도 않는다.

항상 여기에 당신이 있다. 여러 모습을 거치면서 당신 인생의 강물은 계속 흘러간다. 당신이 이 사실을 깨닫지 못하면 죽음의 공포에서 벗어날 수 없다. 죽음의 공포에서 벗어나려면 오로지 명상만이 당신을 도울 수 있다.

명상 외에는 그 누구도 도움을 줄 수 없다. 나의 말이나 모든 경전은 도움이 되지 않는다. 여전히 당신에게는 의심이 남아있기 때문이다. 이런 말을 한 사람들이 거짓말을 하고 있는지, 그 사람들이 자신에게 기만당하는 것은 아닌지 의심이 들 수 있다. 또는 그 사람들도 다른 책이나 교사에게 속은 것일 수도 있다. 한 점의 의심이라도 남아 있으면 두려움도 함께 있다.

명상은 당신이 현실을 직면하도록 이끈다.

인생이 무엇인지 당신만의 방법으로 알아야 한다. 그러면 절대 죽음에 연연해하지 않는다.

저 너머로 나아가라! 당신에게는 그럴 능력이 충분히 있다. 이것은 당신의 권리이다. 그리고 마음에서 무심으로 나아가기 위해 조그만 노력이라도 기울여야 한다.

아기가 태어나는 순간에 그의 인생이 시작되는 것이라고, 사람들은 생각한다. 그러나 사실이 아니다. 노인이 죽으면 그의 삶은 끝났다고 사람들은 생각한다. 이것 역시 사실이 아니다. 인생은 탄생과 죽음보다 훨씬 더 크다. 탄생과 죽음은 인생의 두 끝이 아니다. 한 인생 안에서 수없는 탄생과 죽음이 이루어진다. 삶 그 자체는 시작과 끝이 없다. 따라서 삶과 영원은 동의어이다. 당신은 삶이 어떻게 죽음으로 바뀌는지 쉽게 이해되지 않을 것이다. 아니, 심지어 인생의 시작과 끝이 없다는 말 자체도 인정하기 힘들 것이다.

세상에는 상상조차 불가능한 일들이 종종 있다. 그중 하나가 삶이 죽음으로 바뀌는 것이다. 어느 순간에 삶이 죽음으로 바뀔까? 그 경계선은 어디일까? 아기가 세상에 태어나거나 임신이 된 순간이 삶의 시작일까? 하지만 어머니의 난자와 아버지의 정자는 임신 전부터 있었다. 그것들이 없었다면 생명은 탄생할 수가 없다. 이럴 때 아기는 어느 순간에 태어난다고 할 수 있을까? 과학으로는 풀리지 않는 문제이다. 어머니의 난자는 어머니가 태어날 때부터 존재하는 것이다. 그럴 때 탄생의 시점은 어디인가? 해답이 없는 문제이다.

모든 사람이 인정해야 할 사실은 임신 이전부터 당신 존재의 절반이 어머니의 몸속에서 살아 있었다는 점이다. 그리고 나머지 절반은 아버지에게 그 공을 돌려야 한다. 정자들은 아버지의 몸을 출발할 때 살아 있다. 그러나 정자의 수명은 2시간에 불과하다. 2시간 안에 어머니의 난자를 만나야 한다. 2시간 안에 만나지 못하면 정자들은 그 안에서 이리저리 헤매다 수명을 마친다.

정자 하나씩은 그 나름의 독특한 개성을 갖고 있음이 분명하다. 어떤 정자는 게으르기 짝이 없다. 다른 정자가 난자를 향해 돌진할 때도 한가로이 아침 산책에 관한 이야기를 나눈다. 이런 방식으로는 절대 목표에 도달할 수 없지만, 워낙 이런 성격이니 어쩌겠는가? 이 성격은 태어날 때부터 그 정자에게 주어진 것이다. 그런 정자는 앞으로 뛰어나가지 못하며 오히려 가만히 죽는 것을 선호한다. 그리고 어떤 일이 벌어지고 있는지에 대해 아예 인식조차 하지 못한다.

그리고 또 어떤 정자는 육상선수 같다. 출발과 동시에 빠르게 달려 나간다. 다른 정자들이 단 하나의 난자를 향해 달려 나가니 경쟁이 얼마나 치열할지는 말하나 마나이다. 어머니는 난자 창고가 있는데, 그 수가 한정되어 한 달에 한 번씩만 난자를 내보낸다. 수백만 개의 정자 중에서 단 1개의 정자만이 난자를 차지할 수 있다니 이것이야말로 대단한 철학적 문제가 아닐 수 없다.

그러나 진짜 문제는 이것이 아니다. 이것은 생리적인 현상일 뿐이다. 오히려 문제는 수백만 사람이 태어날 가능성 중에 오직 한 사람만이 태어난다는 사실이다. 난자 안으로 들어가지 못하는 수백만 개의 정자는 누구인가? 인도의 힌두교 학자들, 푼디트 힌두교의 신학자_역주, 샹크라차르야 힌두교의 성직자_역주는 산아 제한에 반대하면서 위의 생각에 대해 어떤 논거도 제시하지 못한다.

인도는 토론이 활발하게 진행되는 나라이다. 교황은 산아 제한에 대해 반대 견해를 내세우고 있는데, 거기에 대한 단 하나의 논거도 내놓지 못한다. 적어도 인도의 종교 지도자들은 타당해 보이는 주장을 몇 개씩 내놓는다. 그중의 한 가지는 이것이다. 어느 시점에 출산을 제한해야 하는가? 2명 또는 3명? 라빈드라나트 타고르는 13번째 자식이었다고 그들은 말한다. 만약 그 당시에 산아 제한이 시행되었다면 타고르라는 사람은 아마 태어나지도 못했을 것이다.

산아 제한이란 자녀를 2명, 많아야 3명만 낳는 것이기 때문에, 이런 논의는 타당한 것처럼 보인다. 산아 제한은 아이가 죽거나 사고가 일어날 가능성을 배제한 것이다. 부부가 2명의 자녀만을 낳으면 인구는 증가하지 않을 것이다. 그러나 타고르는 부모의 13번째 자식이었다. 12명만 낳고 단산했다면 타고르는 이 세상으로 오는 기차를 놓쳤을 것이다. 산아 제한 때문에 기차를 놓친 사람이 얼마나 많은가?

나는 한 샹크라차르야에게 말했다.

"절대적으로 옳소이다. 논의 그 자체만 놓고 본다면 옳다고 인정하지요. 아마도 우리는 라빈드라나트 타고르 같은 인물을 놓쳤을 것입니다. 그러나 내가 감히 말하건대, 그는 태어나지 않아도 됩니다. 산아 제한을 실행하여 온 국민이 평화롭게 살 수만 있다면, 충분한 식량과 옷을 가질 수만 있다면, 다른 기본 필수품들이 충족될 수만 있다면, 타고르 같은 사람은 없어도 됩니다. 이런 것이 훨씬 가치가 있으니까요. 별로 중요하지 않은 1명의 라빈드라나트 타고르를 잃는 것이 훨씬 낫습니다. 1명의 라빈드라나트 타고르를 낳기 위해 수백만 명의 사람이 죽어 가고 굶주리다니요? 말이 된다고 생각합니까? 그러면 모든 부모가 13명까지 낳아야 한다는 겁니까? 아예 14명, 15명은 어떻습니까?"

이까짓 작은 숫자는 잊어버려라! 한 번 섹스할 때 한 남자가 방출하는 정자는 수백만 개에 달한다. 섹스할 때마다 임신이 되는 것은 아니다. 그러면 수백만 명의 사람이 한 번 섹스할 때마다 사라지는 꼴이 된다. 그 속에 노벨상 수상자, 대통령, 수상이 있을지도 모른다. 모든 부류의 사람이 그 속에 있을 것이다.

나의 계산에 따르면 이렇다. 남자가 14살에서 42살까지 정상적인 섹스를 해서 일정한 수의 정자를 내보낸다면, 자그마치 지구의 총인구수와 맞먹는다. 한 남자가 지구 전체를 덮을 수 있는 인구를 만들어 내는 것이다. 아니, 초과할지도 모른다. 하긴 이미 지구의 인구는 과잉이다. 인간이라는 것 외에는 어떤 공통점도 없는 각기 다른 개성을 지닌 수많은 사람이 한 남자로부터 만들어질 수 있다.

  삶은 이렇게 생리적으로 시작되지 않는다. 훨씬 더 뒤로 돌아가야 한다. 당신에게는 가설에 불과하겠지만, 나는 직접 경험한 것을 말하는 것이다. 인생은 당신이 과거의 삶에서 죽는 시점에서 시작한다. 당신이 죽으면 인생의 한 장章이 끝날 뿐이다. 사람들은 한 장을 인생 전체라고 생각한다. 그러나 책 속의 무수히 많은 장 중의 하나일 뿐이다. 한 장이 끝난다고 해서 책이 끝나는 것은 아니다. 다음 페이지를 넘기면 또 다른 장이 나온다.

  사람은 죽을 때 그의 다음 삶을 머릿속에 그리기 시작한다. 이것은 이미 알려진 사실이다. 한 장이 끝나기 전에 일어나는 일이다. 아주 드물기는 하지만 마지막 순간에 다시 이생으로 돌아오는 사람이 있다. 어떤 사람이 물에 빠져 죽어 갈 때 누군가에 의해 구조되었다고 하자. 그는 의식 불명 상태에 빠졌지만, 물을 토하고 인공호흡을 받아 목숨을 건졌다. 장이 마감되는 바로 그 경계선을 경험한 것이다. 이런 사람은 흥미로운 사실을 이야기해 준다.

  죽어 가고 있다고 느끼는 마지막 순간, 인생이 끝나고 있다고 여겨지는 바로 그 순간에 출생부터 그때까지의 모든 과거가 눈앞에 전광석화처럼 빠르게 스쳐 지나간다는 것이다. 순식간에 과거의 모든 사건을 본다. 기억하건 못하건 모든 일이 눈앞에 스쳐 지나간다. 당신이 관심 없었던 사건들도 모두 기억 창고에 저장되었기에 사소한 일까지도 눈앞에 스쳐 지나간다. 이 모든 기억의 필름은 전광석화처럼 너무 빠르게 돌아간다. 죽어 가고 있으므로 시간이 별로 없기 때문이다. 3시간짜리 영화처럼 볼 수 없는 노릇이다.

3시간짜리 영화에서조차 한 남자의 생애를 이렇게 사소한 일까지 자세히 보여 주지는 못할 것이다. 여하튼 모든 것이 그의 눈앞에서 지나갔다. 이것은 더없이 중요한 현상이다. 한 장이 끝나기 전에 그는 그동안 겪었던 모든 경험, 이루지 못한 욕망, 기대, 실망, 좌절, 고통, 기쁨 등 모든 것을 회상한다.

붓다는 이것을 '탄하'Tanha, 병적인 집착이 생기는 격렬한 욕망을 뜻함_역주라고 불렀다. 단어의 의미는 '욕망'이지만 은유적으로는 '욕망으로 얼룩진 온 생애'를 가리킨다. 좌절, 성취, 실망, 성공, 실패 등 당신의 삶에서 일어난 것들은 욕망이라고 부르는 어떤 영역 안에서 벌어지는 것들이다.

임종을 맞이한 사람은 사후에 멀리 이동하기 전에 그의 전 생애를 회상해야 한다. 이생을 떠날 때 몸을 남기고 간다. 마음도 뇌도 함께 남긴다. 그러나 그의 마음에서 나온 욕망은 그의 영혼에 달라붙어 이 욕망이 그의 다음 생을 결정한다. 이생에서 충족하지 못한 것을 다음 생에서 이루려고 하는 것이다.

당신의 삶은 당신이 태어나기 이전, 그리고 어머니의 임신 이전으로 멀리 거슬러 올라가 전생의 끝에서 시작된다. 전생의 끝이 현생의 시작이 된다. 한 장이 끝나면 다른 장이 펼쳐진다. 이 새로운 삶을 99% 결정하는 것은 마지막 임종의 순간이다. 당신이 축적한 모든 것,

세상에 올 때 함께 가지고 온 모든 것이 한 개의 씨앗이 된다. 이 씨앗이 자라 나무가 되고 꽃을 피우고 열매를 맺는다. 씨앗을 통해 무엇이든 일어난다. 당신은 그 씨앗을 해독할 수는 없지만, 씨앗 안에 모든 청사진이 담겨 있다.

과학은 언젠가는 그 씨앗 안에 있는 청사진을 해독할 수 있을 것이다. 나무에서 어떤 가지가 뻗어갈지, 나무의 수명은 몇 살이 될지, 이 나무는 어떤 일을 겪을지를 밝혀낼 수 있을 것이다. 아직은 그것을 해독할 수 없지만, 청사진은 거기에 있다. 앞으로 벌어질 수 있는 모든 것의 잠재성이 현존한다.

죽을 때 어떻게 죽느냐에 따라 다음 생의 출생이 결정된다. 사람들은 대부분 이생에 집착하면서 죽는다. 그들은 죽고 싶어 하지 않는다. 그들의 이런 심정은 충분히 이해된다. 임종의 순간을 맞아서야 사람들은 그동안 살아 있지 않았음을 뼈저리게 깨닫는다. 그들의 인생은 마치 꿈처럼 지나가고 지금 죽음이 눈앞에 있다. 이제는 시간이 없다. 죽음이 문 앞에서 기다리고 있다. 그제야 어리석은 일들로 인생을 낭비했음을 깨닫는다. 인생을 살기보다는 인생을 낭비했다.

카드놀이나 체스를 하는 사람들을 보면, 나는 이렇게 묻는다.

"지금 뭘 하시는 거요?"

그러면 그들은 "그냥 시간 죽이는 거요 killing time."라고 대답한다.

나는 어릴 적부터 '시간 죽인다 killing time'라는 말을 싫어했다. 나의 할아버지는 체스를 아주 잘 두셨다. 나는 종종 물었다.

"할아버지는 점점 나이가 드시면서도 계속 시간을 죽이고 계시는군요. 실제로는 시간이 할아버지를 죽이고 있다는 사실을 모르세요? 시간을 죽이고 있다고 말씀은 하시지만 할아버지는 시간의 정체가 뭔지, 어디에 있는지 모르시잖아요. 어디 한번 시간을 잡아서 저에게 보여 줘 보세요."

세월이 쏜살같이 지나간다, 세월이 유수流水와 같다는 말들은 위로의 말에 불과하다. 실제로 쏜살같이 지나가고 유수와 같은 것은 바로 당신 자신이다. 매 순간 당신은 시간의 배수구로 흘러 들어가고 있다. 진실이 이러한데, 흘러가는 것은 시간이고 당신은 그 자리에 있을 뿐이라고 아직도 생각하겠는가! 그 자리에 있는 것은 시간이다. 시간은 흘러가지 않는다. 흘러가는 시간을 측정하기 위해 만든 발명품이 시계이다. 그러나 시간은 절대로 흘러가지 않는다.

인도의 펀자브에서 12시에 "몇 시입니까?"라고 물으면 두들겨 맞기 십상이다. 가까스로 도망쳐 목숨을 건졌다면 아주 기적이 아닐 수 없다. 이것은 어떤 철학적 유래 때문이다. 철학이 바보들의 손에 들어가면 이렇게 되기 마련이다.

시크교의 창시자인 나나크는 삼매의 순간은 12시를 가리키는 시곗바늘과 같다고 말했다. 12시에 시곗바늘은 하나로 모인다. 그는 예를 들었을 뿐이다. 삼매의 순간은 당신이라는 둘로 갈라진 존재가 융합되어 하나에 도달하는 때이다. 죽음도 마찬가지이다. 죽음에 이르면 똑같은 경험을 한다고 나나크는 나중에 설명했다. 따로 떨어졌던

두 개의 바늘이 모여 멈추면 하나가 된다. 당신과 존재 세계가 하나가 되는 것이다.

이런 유래로 펀자브에서 12시는 죽음을 상징한다. 12시에 나이 많은 어른에게 "지금이 몇 시죠?"라고 묻는다면 몽둥이질을 당할 것이다. 12시에 시간을 묻는 것은 남을 놀릴 때나 죽음으로 저주할 때나 하는 행동이기 때문이다. 어떤 사람의 얼굴이 불행과 고통으로 가득 차면 펀자브에서는 "얼굴을 보아하니 12시군."이라고 말한다. 12시가 되자, 재빨리 시계의 초침을 돌리는 이들을 본 적이 있다. 12시가 되면 그들은 재빨리 5분 일찍 시계를 맞춘다. 그리고는 시계가 12시를 가리키지 않도록 한다. 그들은 시계를 조작함으로써 위로를 받으려 할 뿐 정작 본질은 알지 못하고 있다. 12시는 그들에게 불행, 슬픔, 죽음만을 상기시킨다. 그리고는 나나크가 그토록 설명하려고 애썼던 삼매에 대해서는 까맣게 잊고 산다.

어떤 사람에게 죽음을 의미하는 12시가 다가오면 그는 생에 집착한다. 그는 시간이 흘러간다고 생각하고 살았지만, 정작 흘러간 것은 그의 생애이다. 이제는 아무리 삶에 매달려도 소용없음을 알고 그는 비참해진다. 이때 느끼는 불행이 견딜 수 없을 정도로 커서 사람들 대부분은 죽기 전에 혼수상태에 빠진다. 그래서 생애를 되돌아볼 기회를 놓치고 만다.

생에 대한 어떤 집착도 없이 죽음을 맞이한다면 1초라도 더 살겠다는 욕망이 아예 없게 되면 당신은 의식이 깨어 있는 채 죽어 갈 것이다. 집착도 욕망도 없기에 당신은 혼수상태에 빠지지 않는다. 당신은 예민하게 깨어 있는 상태로 죽어 갈 것이다. 그리고 이제까지의 모든 과거를 회상할 것이다. 당신이 했던 모든 행동이 얼마나 어리석었는지도 알게 될 것이다.

 욕망을 모두 충족시키면서 살아왔다면, 그래서 얻은 것이 무엇인가? 욕구를 만족시키지 못하며 살았다면 그것으로 고통을 겪었을 것이다. 그렇다면 욕구들을 다 이루었을 때 당신의 손에 남는 것은 무엇일까? 이상한 게임이다. 항상 당신이 지는 이상한 게임이다. 이기건 지건 아무 차이가 없는 게임이다.

 당신이 얻은 쾌락은 아무것도 아니다. 그저 물 위에 쓴 글씨와 같다. 당신은 즐거움은 물 위에, 고통은 화강암에 새겨 놓는다. 물 위에 글씨를 쓰려고 그 모든 고통을 겪은 것이다. 사소한 즐거움을 얻으려고 당신의 생애는 고통으로 얼룩져 있다. 인생이란 전체 골짜기가 내려다보이는 높은 곳에서 보면 당신이 얻은 쾌락은 장난감보다도 못한 즐거움일 뿐이다. 당신이 성공이라고 생각했던 모든 것은 실패로 판명되었다. 그토록 얻으려고 했던 쾌락은 고통을 견디게 해 주는 미끼에 불과하다.

 인생에서 느낀 모든 행복감은 꿈의 작용이다. 당신의 손에 남은 것은 아무것도 없다. 삶은 악순환의 반복이다. 당신은 같은 원圓을 돌고 있다. 돌고 또 돈다. 원의 둘레만 돌기에 어디에도 이르지 못한다. 아무리 가도 원 중심과는 항상 같은 거리만 유지할 뿐, 한 뼘도 가까이 가지 못한다.

원을 돌면서 성공, 실패, 즐거움, 고통을 만난다. 불행과 기쁨도 만난다. 모든 것은 원의 둘레에서 벌어진다. 어디를 가든 당신 존재의 중심과의 거리는 좁혀지지 않는다. 그 위에 있는 동안, 당신은 원의 둘레에 얼마나 집착하고 있는지 깨닫지 못한다. 그러나 죽음을 눈앞에 둔 지금, 모든 것이 당신의 손가락 사이로 모래알처럼 흘러내려 사라진다. 그리고 당신은 텅 빈 채로 서 있다.

칼릴 지브란1883~1931, 유럽과 미국에서 활동한 레바논의 대표 작가_역주의 걸작 『예언자』에는 이런 대목이 나온다. 예언자 알무스타파는 농장에서 일하는 사람들에게 달려가 이렇게 말한다.

"내 배가 막 도착했소. 이제 나는 떠나야 하오. 지금껏 일어났던 모든 일과 일어나지 않았던 일들을 뒤돌아보기 위해 나는 여기에 왔소. 배를 타고 저 멀리 떠나기 전에 여기에서의 내 삶이 어떠했나 보고 싶은 마음이 간절히 들더이다."

당신에게 들려주고자 하는 부분은 알무스타파의 이 대사이다.

"나는 바다로 흘러 들어가기 직전의 강과 같소. 바다에 합류하기 전, 강은 이전까지 거쳐 갔던 모든 지형을 기억하려고 잠시 멈춰 섰소. 지나온 정글이며 산이며 사람들을 기억하기 위해서요. 강은 수천 마일이나 되는 긴 인생을 살아왔소. 이제, 잠시 후면 모든 것이 사라져 없어질 것이요. 대양으로 흘러 들어가기 직전의 강처럼 나도 뒤를 되돌아보고 싶소."

그러나 이렇게 과거를 되돌아보기 위해서는 과거에 대한 모든 집착이 없어야 한다. 과거를 잃어버리는 것을 두려워하면 과거를 관찰할, 주시해서 볼 시간이 없다. 과거를 회상할 수 있는 시간은 찰나에 불과하다. 만일 의식이 완전히 깬 상태에서 죽는다면, 그리고 지나왔던 모든 흔적을 돌이켜 보면서 얼마나 어리석게 살아왔음을 깨닫는다면 그는 다음 생에서 영민하고 지성적이고 용기 있는 사람으로 태어날 것이다. 그가 어떻게 하는 것이 아니라 자동으로 그렇게 된다.

사람들은 나에게 말한다.

"선생님은 어릴 적부터 지혜롭고 용기 있고 출중한 인물이었습니다. 어른인 우리는 당신의 어린 시절만큼의 용기도 낼 수 없습니다."

내가 다른 사람과 다른 이유는 전생에서 그들과 다른 방법으로 죽었기 때문이다. 어떻게 죽느냐의 차이는 대단히 크다. 과거의 생에서 죽음을 맞이했던 방식대로 다음 생에서 태어나기 때문이다. 죽음과 탄생은 동전의 양면과 같다.

혼란, 불행, 고뇌, 집착, 욕망으로 동전의 한 면이 가득하다면 다른 면에 영민함, 지성, 용기, 맑음, 자각이 있기를 기대할 수 없다. 기대하는 것 자체가 부당하다.

당신에게 용기나 지성에 관해 설명한다는 것은 쉽기도 하지만 어려운 일이기도 하다. 용기, 영민함, 지성을 얻기 위해 이 삶에서 내가 한 일은 없다. 그리고 나는 이런 덕목을 지녔다고 생각해 본 적도 없다.

사람들이 얼마나 어리석게 사는지 서서히 깨달은 것도 어느 정도 성장한 이후의 일이었다. 훨씬 나중에 떠오른 생각이었다. 어렸을 적에 나는 내가 용기 있는 사람이라는 것을 인식하지 못했다. 다른 사람도 나와 똑같을 것이라고 여겼다. 훨씬 이후에야 모든 사람이 나와는 같지 않다는 것을 알았다.

나는 자라면서 전생과 전생의 죽음에 대해 알기 시작했다. 그리고 내가 얼마나 편안하게 죽음을 맞이했는지도 기억했다. 평안한 정도가 아니라 열렬하게 죽음을 맞이했다. 나의 관심은 지금껏 보아 왔던 기존의 세계 이후에 올 미지의 세계에 쏠려 있었다. 나는 과거를 절대 되돌아보지 않는다. 뒤를 돌아보지 않는다는 것, 이것이 내 인생의 지침이다. 과거를 돌아보는 것은 아무런 의미가 없다. 뒤를 돌아본다고 해서 되돌아가는 것도 아닌데, 왜 시간을 낭비하는가? 죽는 순간에도 나는 앞을 내다보았다. 과거를 보지 않고 앞만 보았기에 다른 사람의 삶에서 볼 수 있는 브레이크를 피해갈 수 있었다. 이 브레이크 앞에서는 어떤 일도 할 수가 없다.

이 브레이크는 미지의 세계에 대한 두려움 때문에 생긴다. 당신은 과거에 집착한 나머지, 미지의 세계로 들어가는 것을 두려워한다. 기존의 세계, 익숙한 세계에 당신은 매달린다. 기존의 세계는 추하고 고통으로 가득하다. 그러나 적어도 당신이 알고 있는 세계이다. 당신은 이 세계와 우정 비슷한 것을 쌓아 온 것이다.

받아들이기 힘들겠지만 수많은 사람을 만나본 나의 경험에 비추어

볼 때 사실이다. 사람들은 불행과 우정 같은 것을 쌓고 산다. 불행과 친숙하기에 불행을 끊어 버리지 못한다. 너무 오랫동안 불행과 함께 살아왔기에 불행을 떠나보내는 것은 마치 이혼과도 같다.

남녀 사이의 결혼과 이혼도 이와 똑같다. 남자는 하루에 열두 번도 더 이혼을 생각한다. 여자도 마찬가지이다. 그러면서도 결혼 생활을 계속한다. 이혼 후에 닥친 미지의 세계가 두렵기 때문이다. 남자의 성질이 고약해도 여자는 견딘다. 재수 없이 더 더러운 성질을 가진 사람을 만날지 누가 알겠는가? 적어도 지금 남자의 못된 성질과 무뚝뚝함에는 익숙해 있고 참을 수 있다. 지금껏 참고 살았으며 아예 면역되어 있다. 새로운 남자를 만난다면 다시 처음부터 해야 한다. 똑같은 상처를 또다시 주고받아야 한다. 이런 이유로 사람들은 기존의 세계에 집착한다.

임종을 눈앞에 둔 사람들을 지켜보아라! 그들이 겪는 고통은 죽음 때문이 아니다. 죽음은 전혀 고통스럽지 않다. 오히려 죽음은 깊은 잠처럼 유쾌하다. 잠을 푹 자는데 무슨 고통이 있겠는가? 그런데 사람들은 깊은 잠과 같은 편안한 죽음, 그리고 그 즐거움에 대해 전혀 관심도 없다. 사람들은 그들의 손가락 사이에서 흘러 없어질 기존의 세계를 걱정할 뿐이다. 두려움은 오직 하나에서 비롯된다. 그것은 기존의 세계를 잃고 미지의 세계로 들어가는 것에 대한 두려움이다.

용기는 이와 정반대이다.

항상 기존의 세계를 버릴 준비를 해라! 때가 오기를 기다릴 필요도 없이 기꺼이 버릴 태세를 갖추어라! 그리고 아주 새롭고 신선하고 매혹적인 미지의 세계로 뛰어 들어가라! 바로 이것이 용기이다.

죽음의 공포는 우리가 느끼는 가장 큰 두려움이다. 용기를 가장 크게 훼손하는 주범이다.

그러므로 내가 한 가지 제안을 하겠다. 이제부터 과거의 죽음을 되돌아보지 말고, 기존의 세계를 떠나 미지의 세계로 이동할 태세를 갖추어라. 어떤 일이든 어떤 경험이든 맞이할 각오를 해라!

미지의 세계가 기존의 세계보다 더 엉망이라 해도 미지의 세계가 훨씬 낫다. 두 세계 중에 어느 것이 좋고 나쁘고는 중요하지 않다. 정말 중요한 것은 기존의 세계를 벗어나 미지의 세계로 이동하려는 의지이다. 기존의 세계에서 미지의 세계로 기꺼이 이동하려는 당신의 자세가 중요하다. 이것이야말로 값을 매길 수 없는 가치가 있다. 어떤 경험을 쌓든 이런 자세로 살아라! 이런 자세로 살 때 당신은 죽음을 준비할 수 있다. 죽음이 닥칠 때 "나는 죽음을 선택하고 생을 떠날 거야."라고 갑자기 결정하는 것은 불가능하다. 이런 결정은 급작스럽게 내려지는 것이 아니다.

한순간 살면서 이런 준비를 해야 한다. 미지의 세계가 내뿜는 아름다움에 점차 익숙해지면 당신은 내면 안에 새로운 품성을 빚어내기 시작한다. 이제껏 한 번도 사용하지 않은 새로운 품성이 거기에 있다. 먼저 죽음이 닥치기 전에 기존의 세계를 버리고 미지의 세계로 가라! 언제나 명심할 것은 새것은 옛것보다 좋다는 사실이다.

'오래된 모든 것이 금은 아니다'라는 말이 있다. 그러나 나는 이렇게 말하겠다. 오래된 모든 것이 전부 금일지라도 그것에 대해서는 잊어라! 그리고 새것을 선택해라! 금이건 아니건 중요하지 않다. 중요한 것은 당신의 선택이다. 배우고 경험하겠다는 당신의 선택, 어둠으로 기꺼이 들어가겠다는 당신의 선택이 중요하다. 이럴 때 아주 천천히 당신의 용기는 기능을 발휘하기 시작한다. 예리한 지성도 그 모습을 드러낸다. 지성과 용기는 따로 떨어진 것이 아니다. 하나의 유기적 복합체와 같다.

두려움이 있으면 겁이 생긴다. 두려움이 있으면 마음은 활개를 치기 시작하고 당신은 군중 속에 파묻혀 안주한다. 이것들은 하나로 연결되어 있다. 서로를 부추기는 것이다. 이와 반대로 용기가 있으면 예리한 지성이 생기고, 가슴을 활짝 열게 되고, 편견 없는 마음을 갖게 되며, 무엇인가 배우고자 하는 자세가 생긴다. 모두 하나로 연결된 것이다.

간단한 것부터 실천해 보아라! 항상 명심할 것은 선택해야 하는 상황이라면 미지의 것, 위험한 것, 불안전한 것을 선택해야 한다는 것이다. 그러면 손해 볼 일은 없다.

이렇게 작은 것에서부터 실천으로 옮긴다면 그럴 때 이번 생의 죽음은 엄청난 경험으로 당신 앞에 펼쳐질 것이다. 다음의 출생에 대한 통찰력도 생길 것이다. 통찰뿐만 아니라 선택까지 가능하다. 깨어 자각하면 다음 생에서의 부모를 선택할 수 있다. 일반적으로 부모와의 인연은 무의식적으로 그리고 우연히 맺게 되지만, 의식이 명료한 채로 죽는 사람은 태어날 때도 역시 의식이 깨어 있다.

내가 태어날 때 어떠했는지 어머니에게 물어보아라! 어머니가 여기 계시지 않느냐! 오쇼가 강의할 때 그의 어머니도 참석했음_역주 태어나서 나흘 동안 나는 엄마 젖을 먹으려 하지 않았다. 그래서 주위 사람들이 걱정하고 염려했다. 의사들도 심각하게 걱정했다. 아기가 젖을 먹지 않으면 도대체 어떻게 살 수 있다는 말인가? 내가 왜 젖을 먹지 않는지 사람들은 아무도 몰랐다. 무슨 문제가 있는지도 전혀 알지 못했다. 주위 사람들은 가능한 모든 방법을 동원하여 강제로 젖을 먹이려고 시도했다. 나는 설명할 방법이 전혀 없었고, 그들이 알 방법도 없었다.

나는 전생에서 죽기 전에 단식을 시작했다. 21일 단식을 계획하고 있었다. 그런데 단식이 끝나기 4일 전에 누군가에 의해 목숨을 잃었다. 나는 태어날 때 이 4일이 마음에 걸렸다. 단식을 끝내야만 했다. 지금 생각하면 얼마나 고집불통이었던가! 이렇게 특별히 마음에 걸리는 것이 없다면 사람들은 이 생의 것을 다음 생으로 가지고 가지 않는다. 한 장은 끝나면 그만이다.

나흘 동안 부모와 의사는 내 입에 먹을 것을 넣기 위해 갖은 안간힘을 썼지만, 나는 완강히 거부했다. 그런데 4일이 지나자, 나는 젖을 먹기 시작했다. 완전 정상으로 돌아왔다. 이것이 또 그들을 놀라게 했다.

"지난 나흘 동안은 왜 먹지 않은 걸까? 아픈 것도 아니고 무슨 문제가 있는 것도 아닌데. 4일이 지나니 완전 정상을 찾았네."

이 일은 여전히 그들에게 수수께끼로 남아있을 것이다. 이런 일을 그들에게 말해봤자 하나의 가설로만 여길 것이다. 과학적으로 설명할 길이 없기 때문이다. 그리고 나는 당신에게 어떤 믿음이든 심어 주고 싶지 않다. 그러므로 당신의 마음에 믿음을 만들 수 있는 모든 것을 떨쳐 버려라!

당신은 나를 사랑하고 믿는다. 내가 무슨 말을 하든 무조건 믿을지 모른다. 그러나 되풀이해서 강조하건대, 설령 내 말이라고 해도 당신이 직접 경험한 사실이 아니라면 하나의 가설로만 받아들여라! 맹목적으로 믿지 말아라! 간혹 내가 예를 들어 말하는 것은 순전히 그런 식으로 설명하는 것이 필요하기 때문이다. 사람들이 "어떻게 했기에 어릴 때부터 그토록 용기 있고 총명했습니까?"라고 묻기 때문에 하나의 예시로 말한 것뿐이다.

나는 아무것도 한 것이 없다. 과거의 생에서 했던 것을 계속했을 뿐이다.

용기가 당신을 찾아올 것이다.

한 가지 간단한 공식으로 시작해 보아라! '미지의 세계를 절대로 놓치지 말아라.'

항상 미지의 것을 선택하여 용기를 갖고 앞으로 나아가라! 설령 그것이 고통스럽다고 해도 그만한 가치가 있다. 항상 그 보상이 있다. 고통을 통해 당신은 더욱 성장하고, 더욱 성숙하고, 더욱 예리한 지성을 얻을 것이다.

두려움을 넘어서

두려움은 자연스러운 것이다. 인생의 한 부분이다. 두려움을 숨길 이유는 전혀 없다. 두렵지 않은 척 꾸밀 필요도 없다. 두려움을 받아들이고 두려움에 관련하여 어떤 일도 일어나지 않을 때 두려움은 자유가 된다. 모든 두려움은 사라진다. 두려움은 어떤 것도 일으키지 않는다.

명상 방법의 소개, 그리고 여러 질문에 대한 답변

모든 사람이 두려워한다. 인간에게 삶이란 본래 두려운 것이다. 두려움이 사라져야지만 두려움이 없는 사람이 된다. 용맹해진다고 두려움이 사라진 것이 아니다. 용맹한 사람은 그저 두려움을 억누르고 있을 뿐이다. 그런 사람에게 두려움은 진정 사라지지 않는다. 두려움이 사라지는 길은 두려움을 인정하고 받아들이는 것뿐이다. 용맹함과는 차원이 다르다. 두려움을 인정한다는 것은 삶의 실태를 직시하고 두려움이 자연스러운 현상임을 깨닫는 것이다. 두려움을 인정해라!

두려움과 죄의식은 같은 것입니까?

두려움과 죄의식은 같은 것이 아니다. 두려움을 인정할 때라야 그 두려움은 어떠한 구속도 안겨주지 않는다. 그러나 두려움을 거부하고 부인하고 비난한다면 그것은 죄의식이 된다. 당신이 삶의 한 형태로 두려움을 인정한다면 말이다.

두려움은 삶의 한 형태이다. 인간은 하나의 부분이다. 그것도 아주 작고 하찮은 부분이다. 부분과 달리 전체는 거대하다. 인간이 한 방울의 물이라면 전체는 바다이다. 그래서 당연히 두려움이 솟는다.

"내가 전체 속에서는 사라지는구나. '나'라는 개인이 사라지는구나."

이것은 곧 죽음에 대한 두려움이다. 모든 두려움은 죽음에 대한 두려움에서 비롯된다. 그것은 소멸에 대한 공포이다.

그러므로 인간이 두려움으로 떠는 것은 당연하다. 두려움을 인정하면, 인생의 한 양상임을 인정하여 완전히 받아들이면 두려움은 즉시 멈춘다. 그리고 두려움의 에너지가 전환되어 당신에게 자유가 될 것이다. 그리고 물방울이 바닷속으로 떨어져 사라져도 물방울은 거기에 있다는 사실을 알게 된다. 사실인즉 물방울이 바다 전체가 된 것이다. 이것을 깨달으면 죽음은 열반涅槃이 된다. 그리고 당신 자신을 잃는 것에 대한 두려움이 사라진다. 이때 예수의 말을 이해할 수 있다.

"목숨을 구하고자 하는 자는 잃을 것이요, 잃고자 하는 이는 살 것이라."

죽음을 뛰어넘는 유일한 길은 죽음을 받아들이는 것이다. 그럴 때 죽음의 공포는 사라진다. 두려움이 사라지는 유일한 방법은 두려움을 인정하는 것이다. 그러면 두려움의 에너지가 전환되어 자유가 된다. 이와 달리 두려움을 비난하고 억압하면 그때 죄의식이 생긴다. 두려워한다는 사실을 감추고 자신을 에고라는 보호막으로 감싸려고 할 때 죄의식이 솟는다.

억눌린 모든 것은 죄의식을 낳게 한다. 금지된 모든 것은 죄의식을 낳게 한다. 본성에 거스르는 모든 것은 죄의식이 된다. 그럴 때 당신은 다른 사람에게, 그리고 자신에게 거짓말을 하게 되고, 이것에 대해 죄의식을 느낀다. 이런 진실하지 못한 언행은 죄의식을 낳는다.

당신은 이렇게 물었다.

"두려움과 죄의식은 같은 것입니까?"

같지 않다. 두려움은 죄의식이 될 수 있지만 안 될 수도 있다. 이것은 두려움에 대한 당신의 반응에 따라 달라진다. 그 두려움으로 인해 어떤 잘못을 저지르면 두려움은 죄의식이 된다. 그러나 두려움을 받아들이고 두려움과 관련하여 어떤 일도 일어나지 않을 때 두려움은 자유가 된다. 모든 두려움은 사라진다. 두려움은 어떤 것도 일으키지 않는다. 두려움으로 아무것도 할 수 없다.

당신 자신에 대해 못났다고 그르다고 죄인이라고 말하지 말아라! 자신을 비난하지 말아라! 당신이 어떤 사람이든 당신은 당신이다. 죄의식을 갖지 말아라! 죄의식을 느끼지도 말아라! 무엇인가 잘못된 것이 있어도 당신이 잘못한 것이 아니다. 행동에는 잘못이 있겠지만 당신 존재는 아무 잘못이 없다. 행동은 잘못될 수 있겠지만 존재는 항상 옳다.

> 저는 자신이 중요하고 힘 있는 인물이라는 사실을 늘 다른 사람에게 심어 주고자 애씁니다. 왜 그럴까 하고 깊이 명상해보니,
> 두려움 때문이라는 사실을 알았습니다.

에고는 항상 두려워하는 마음에서 나오는 법이다. 정말로 두려움 없는 사람은 에고도 없다. 에고는 보호막이자 더불어 갑옷이다. 두려워하기 때문에 당신은 자신이 이러이러한 사람이라는 이미지를 만들

어낸다. 그래서 감히 누구도 당신에게 해를 끼치지 못하게 만든다. 그러나 근본 바탕에는 두려움이 도사린다. 옳게 보았다. 당신은 깊게 그리고 정확하게 공포에 대해 들여다보았다. 근본 원인이 무엇인지 알고 나면 어떤 일이건 간단해진다. 그런데 사람들은 원인 무시한 채 에고를 붙잡고 씨름한다. 그러나 에고는 진짜 문제가 아니다. 진짜 질병은 제쳐두고 병의 증상만 갖고 씨름하는 꼴이다. 진짜 병은 두려움이다. 에고를 붙잡고 싸우는 것은 목표를 잘못 잡은 것이다. 에고는 진짜 적이 아니다. 가짜일 뿐이다. 그래서 설령 이긴다고 해도 아무것도 얻을 것이 없다. 그리고 이길 수도 없다. 물리쳐야 하는 것은 진짜 적이다. 가짜 적은 아예 존재하지도 않기에 이길 수가 없다. 가짜 적은 허울만 있을 뿐이다. 이것은 마치 흉한 상처를 장신구로 가리는 꼴과 같다.

예전에 나는 어떤 영화배우의 집에서 머문 적이 있는데, 그 영화배우는 많은 사람이 나를 만날 수 있도록 파티를 주선했다. 한 여배우가 그 자리에 있었는데, 정말 눈부시도록 아름다운 시계를 차고 있었다. 시곗줄도 아름답고 매우 컸다. 그녀 옆에 앉은 어떤 사람이 시계에 관해 묻기 시작했다. 그러자 그녀는 조금 불안한 기색을 보였다. 나는 가만히 지켜보았다. 옆에 앉은 사람은 시계를 자세히 보고 싶었는데, 그녀는 시계를 풀려고 하지 않았다. 그런데 남자가 계속 조르자 그녀는 드디어 시계를 풀었다. 그때 나는 무엇이 문제인지 알 수 있었다. 여배우의 손목에는 큰 하얀 점, 나병 환자와 같은 큰 반점이 있었다.

여자는 아름다운 시곗줄 아래로 나병의 반점을 감추고 있었다. 숨긴 것이 드러났기에 여자는 땀을 비 오듯 흘리면서 불안해했다.

에고는 이와 같다. 두려움이 거기에 있다. 그 누구도 자신의 두려움을 남에게 보여 주고 싶어 하지 않는다. 당신이 두려워한다는 것을 남이 알게 되면 그들이 당신을 더욱 공포 속으로 몰아넣을 것이기 때문이다. 당신이 몹시 두려워한다는 것을 사람들이 알면 당신을 때리려고 덤벼들 것이다. 자기들보다 더 나약한 사람을 발견했기에 당신을 모욕하면서 즐거워할 것이다. 사람들은 약자를 착취하고 걷어차는 것을 즐긴다.

그래서 두려움에 빠진 모든 사람은 두려움 주위에 커다란 에고를 만든다. 그리고 풍선에 공기를 넣듯이 에고를 크게 부풀린다. 그렇게 하면 에고는 매우 커진다. 아돌프 히틀러, 우간다의 이디 아민1971년 쿠데타를 일으켜 정권을 장악하고 반대파를 대량 학살한 우간다의 독재자_역주은 매우 과장되게 부풀려진 유형의 사람들이다. 이런 부풀려진 모습으로 그들은 다른 사람을 두려움에 빠뜨린다. 이들은 정작 공포의 깊은 늪에 빠진 사람이 자신들임을 잘 알고 있다. 그렇지 않고는 다른 사람을 겁줄 이유가 없다. 왜 그렇게 하겠는가? 스스로 두렵지 않은데 남에게 두려움을 유발할 사람은 아무도 없다.

두려움으로 가득한 사람들은 자신들이 편하기 위해 다른 사람들에게 겁을 준다. 겁을 줘야만 사람들이 그들을 건드리지 않을 것임을, 그들의 영역에 침범하지 않을 것임을 이미 잘 알고 하는 행동이다.

당신은 제대로 보았다. 바로 그렇다. 그러므로 에고와 싸우지 말아라! 그리고 두려움을 직시하고 그것을 인정하도록 노력해라! 두려움은 자연스러운 현상이다. 인생의 한 부분이다. 두려움을 숨길 이유는 하나도 없다. 두렵지 않은 척 꾸밀 필요조차 없다. 두려움은 거기에 있다. 모든 인간은 공포로 가득 차 있다. 공포는 인간 본성의 한 부분이다. 두려움을 인정해라! 두려움을 받아들이는 순간, 에고는 사라질 것이다. 두려움이 사라졌는데 에고가 있을 이유가 없기 때문이다. 에고와 싸우는 것은 전혀 쓸데없는 짓이다. 두려움을 인정하는 것이 모든 일을 해결하는 열쇠이다. 그럴 때 당신은 '맞아, 우주는 이렇게 큰데, 우리는 너무 하찮아. 두려워하는 것이 당연하잖아?'라고 두려움을 인정하게 된다. 인생은 죽음으로 포위되어 있기에 두려워하는 것이 당연하다. 언제 죽음이 우리를 덮칠지 모른다. 아주 사소한 일 때문에 죽을 수도 있다. 그러니 어떻게 두려움이 없겠는가? 이렇게 인정하게 되면 점차 두려움은 사라진다. 두려움이 있어야 할 이유가 없기 때문이다. 당신이 공포를 당연한 것으로 받아들였기 때문이다. 두려움은 이렇게 사라지는 법이다.

그러므로 두려움을 감추기 위해 두려움과 반대되는 것을 만들지 말아라! 반대되는 아무것도 만들지 않을 때 두려움은 그냥 가라앉는다. 당신에게 어떤 두려움도 없을 것이라고, 나는 말하지 않는다. 내 말은 당신이 두렵지 않게 될 것이라는 뜻이다. 두려움은 거기에 있으나 당신은 두렵지 않다. 이해하겠는가? 두렵다는 것은, 당신이 두려움에 맞서고 있다는 뜻이다. 당신은 두려움이 거기에 있기를 원하지 않는다. 그러나 두려움은 거기에 있다.

두려움을 인정해라! 나무가 푸르듯 인간의 본성은 두려움으로 가득하다. 본성이 이러한데 어찌하겠는가? 나무는 푸르름을 감추려고 하지 않는다. 인간은 누구나 다 죽게 되어 있다. 두려움은 죽음의 그림자이다. 그것을 인정해라!

머릿속으로 상상할 때는 누구든 사랑할 수 있을 것 같습니다.
그러나 실제로 사람들 앞에 서면 마음의 문이 닫혀 버립니다.

실제로 눈앞에 있는 사람을 사랑하기란 어렵다. 당신의 기대치를 만족시켜 주지 못하기 때문이다. 그는 다른 사람의 기대를 충족해 주기 위해 여기 존재하는 것이 아니다. 그도 자신의 삶을 살아야 한다. 그리고 그가 당신과 반대 방향으로 가게 되면, 또는 당신의 느낌이나 감정, 당신이라는 존재와 조화를 이루지 못하면 사랑하기란 더욱 힘들다.

사랑에 대해 생각하기는 매우 쉽다. 그러나 실제로 사랑하기는 힘들다. 인류 전체를 사랑하기는 훨씬 쉽다. 진짜 어려운 것은 어떤 한 사람을 사랑하는 일이다. 신이나 인류를 사랑하는 일은 아주 쉽다. 실제 사람을 만나 그를 알게 될 때 진짜 문제가 발생한다. 어떤 사람을 만나 알아간다는 것은 큰 변화와 엄청난 도전을 겪게 된다는 것을 뜻한다.

당신의 연인은 당신의 노예가 되려고 태어나지 않았다. 당신 역시 마찬가지이다. 이래서 진짜 문제가 발생한다. 애당초 노예가 되려고 태어났다면 아무 문제가 없다. 그러나 노예가 되기 위해 태어난 사람은 아무도 없다. 그래서 문제가 생긴다. 모든 사람은 자유로운 존재이다. 모든 존재는 자유라는 구성 요소로 이루어져 있다. 인간은 자유 자체이다.

그러므로 명심해라! 사람을 사랑함으로써 발생하는 문제는 당신이라는 개인과는 아무 연관성도 없다. 사랑으로 생기는 문제는 사랑이라는 전체 현상과 연관되어 있다. 사랑을 한 개인의 문제로 생각하지 말아라! 그럴 때 큰 난관에 봉착할 것이다. 정도의 차이는 있겠으나, 모든 사람이 직면한 문제는 모두가 똑같다. 사랑할 때 어려움을 겪지 않은 사람들을 나는 본 적이 없다. 사랑의 문제는 개개인의 문제가 아니라 사랑 그 자체에 이미 내포되어 있다.

인간관계 자체가 당신을 문제가 일어날 수밖에 없는 상황으로 몰고 간다. 그러나 이런 문제를 직접 겪어보는 것은 좋다. 동양에서는 사랑으로 인해 생기는 문제점들을 인식하고 아예 사랑 자체를 피했다. 동양 사람들은 사랑을 부인하고 멀리하기 시작했다. 그리고 그런 상태를 초연했다느니 집착이 없다느니 하는 말로 미화했다. 점차 그들에게는 사랑이라는 감정이 죽어 갔다. 동양에서 사랑은 거의 찾아보기 힘들다. 오직 명상만 남아있다.

명상이란 홀로 있음을 즐긴다는 의미이다. 명상은 당신이 오직 자신과만 연관되었다는 뜻이다. 당신이라는 존재의 원은 당신 자신으로 완성되었다. 원 밖으로는 절대 나가지 않는다. 물론 명상을 통해 당신이 가진 문제의 99%는 해결된다. 그러나 그 대가는 너무 크다. 당신은 괴로움을 덜 겪게 된다. 동양 사람들은 불안을 더 적게 느끼고 덜 긴장한다. 그들은 자신만의 내면의 동굴로 들어간다. 그 속에서 보호받으며 두 눈을 지그시 감고 명상에 전념한다. 이곳저곳으로 이동하는 데 에너지를 쓸 필요도 없다. 내면의 동굴 안에서는 움직임이 적기에 적은 양의 에너지만 쓴다. 그는 행복해한다. 그러나 이런 행복은 죽어 있는 것이나 다름없다. 그가 느끼는 행복은 가슴 벅차서 나오는 환희가 아니다. 기쁨도 없다.

기껏해야 불행하지 않다고 말할 수 있다. 그러나 이것은 병에 걸리지 않았기 때문에 건강하다는 말과 같다. 이것은 건강하다는 말과는 다르다. 건강은 긍정적이다. 그 자체로 빛을 발한다. 다시 말해, 질병이 없다고 건강한 것이 아니다. 이런 식으로 본다면 시체도 질병이 없으므로 건강하다고 할 수 있다.

이렇듯 동양에서는 사랑 없이 살려고 갖은 노력을 기울여 왔다. 속세와 인연을 끊으면서, 사랑과 인연을 끊으면서, 남자와 여자 또는 사랑이 꽃을 피울 모든 가능성과 절연하면서 살아왔다. 자이나교 승려들, 힌두교 사제들, 불교의 승려들은 혼자 있을 때 여자와 대화하는 것이 금지된다. 여자와의 신체적 접촉은 물론 얼굴을 직접 봐서도 안 된다. 여인네가 무엇인가를 묻기 위해 다가오면 눈을 밑으로 깔아야 했다. 실수로라도 여인의 얼굴을 보지 않기 위해 시선은 발끝을 향해야 했다. 한번 사랑의 소용돌이에 들어서면 무기력하게 빠져들기 때문에 이토록 조심했다.

동양의 승려들은 민가에서 머무르지 않는다. 집착과 사랑이 일어날 여지를 아예 없애고자 한 장소에서 오랫동안 머물지도 않았다. 그래서 끊임없이 돌아다니며 방랑 생활을 했다. 그리고 관계가 일어날 가능성을 피하면서 살았다. 이렇게 해서 그들은 마음의 고요를 얻을 수 있었다. 그들은 어떤 외부의 작용으로도 흔들리지 않고 현혹되지 않았다. 그러나 그들은 행복을 맛보지 못했으며 삶 자체를 축제로 여기지도 못했다.

서양에서는 그 반대 현상이 일어났다. 서양 사람들은 사랑을 통해 행복을 얻고자 애를 썼다. 그러면서 많은 문제가 일어났다. 우선 사람들은 그들 자신을 전혀 돌아보지 않았다. 그들은 자신들에게서 너무 멀리 떨어져 나왔기에 아예 돌아갈 방법조차 모른다. 길이 어디에 나 있는지 집은 어디에 있는지 알지 못한다. 이런 이유로 사람들은 삶이 덧없다고 생각하며 어디에서도 쉴 곳을 찾지 못하고 방황한다. 그러면서 점점 섹스에 몰입한다. 이성애나 동성애, 그리고 자기 성애에 빠지게 된다. 사랑이 있는 곳이면 어디든 달려가지만, 더 공허함을 느낄 뿐이다. 사랑만으로 행복해질 수는 있겠지만, 그 사랑 안에는 침묵이 없기 때문이다. 행복은 있지만, 침묵은 없다. 역시 무엇인가 빠져 있는 것이다.

침묵 없는 행복감은 한순간의 열정이나 흥분과도 같다. 아무것도 아닌데 야단법석을 떠는 꼴이다. 이런 열정적인 상태가 되면 당신은 많이 긴장한다. 이 상태에서는 아무것도 나오지 않는다. 그저 쫓고 쫓기는 것밖에 없다. 결국 지금까지 기울인 모든 노력이 밑 빠진 독에 물 붓기였음을 언젠가는 깨달을 것이다. 제일 중요한 자기 자신을 찾지 못했기 때문에, 아무리 다른 사람을 찾아 헤매도 부질없다.

동서양의 방법은 모두 실패했다. 동양에서는 사랑 없이 명상만 하려고 했기에 실패했다. 서양에서는 명상 없이 사랑만 하려 했기에 또 실패했다. 내가 할 일은 이 두 개를 통합시켜 당신에게 주는 것이다. 사랑 있는 명상, 명상 있는 사랑이다. 인간은 홀로 행복할 수 있어야 하고 다른 사람과도 행복할 줄 알아야 한다. 내면에서도 행복해야 하고 관계 속에서도 행복을 찾아야 한다. 집의 안과 밖을 모두 아름답게 지어야 한다. 집 밖의 정원도 아름답게 가꿔야 하고 안의 침실도 예쁘게 꾸며야 한다. 정원과 침실은 서로 반대의 것이 아니다.

그러므로 명상이 내면의 은신처, 내면의 작은 성소聖所가 되어야 한다. 세상이 너무 감당하기 힘들 때 당신 내면의 작은 성소로 들어와 안식을 취할 수 있다. 그곳에서 당신의 내적 존재를 정결하게 할 수 있다. 스스로 기운을 차릴 수도 있다. 다시금 활기차고, 신성하고, 젊고, 새로워진 존재로 다시 태어날 수 있다. 그러면서 동시에 사람들을 사랑할 수 있어야 하고 문제를 만나면 당당히 맞설 수 있어야 한다.

문제를 직면하지 못하는 무기력한 침묵은 우리가 필요로 하는 바로 그 침묵이 아니다.

문제를 당당히 직면하고 나서 고요히 있을 수 있는 침묵만이 우리가 바라는 그 침묵이다.

사랑과 명상, 이 두 가지에 대해 조언을 하겠다. 우선 먼저 명상해라! 당신 존재의 가장 가까운 중심에서부터 시작하는 것이 항상 좋다. 이것이 명상이다. 그러나 명상으로만 굳어지면 안 된다. 명상의 에너지가 이리저리 움직여 활짝 꽃피워서 사랑이 되어야 한다.

그리고 두려워하지 말아라! 당신의 두려워하는 마음을 문제로 여기면 안 된다. 두려움은 문젯거리가 아니다. 자연스러운 인간의 본성이다. 모든 사람은 두려워한다. 아니 두려워해야만 한다. 인생은 두려워해야만 하는 그런 것이다. 두려움이 사라져야지만 두려움이 없는 사람이 된다. 용맹해진다고 두려움이 사라지는 것이 아니다. 용맹한 사람은 두려움을 다만 억누르고 있을 뿐이다. 그런 사람에게 두려움은 진정 사라지지 않는다. 두려움이 사라지는 길은 두려움을 인정하고 받아들이는 것뿐이다. 용맹함과는 차원이 다르다. 두려움을 인정한다는 것은 삶의 실태를 직시하고 두려움이 자연스러운 현상임을 깨닫는 것이다. 두려움을 인정해라!

문제는 당신이 두려움을 거부하기 때문에 생긴다. 당신은 지금껏 '용맹해지자'라는 매우 이기적인 이상理想을 가지도록 교육받았다. 터무니없는 말이다. 어리석기 한이 없다. 지성적인 사람이 어떻게 두려워하는 마음을 피할 수 있겠는가? 바보에게는 한 줌의 두려움도 일지 않는다. 버스 기사가 경적을 마구 울려대도 바보는 아무 두려움 없이 길 한가운데 서 있다. 황소가 돌진해도 바보는 두려워하지 않고 그냥 서 있다. 바보는 이런 법이다. 그러나 지성이 있는 사람이라면 그 길에서 벗어나야 한다.

마약 중독에 빠진 사람이 사방에 뱀이 우글대는 환상에 빠져 비명을 지른다면 그것은 문제이다. 쫓아오는 사람도 없는데 두려움에 질려 뒤도 보지 않고 도망간다면 그것은 문제이다. 이런 상황이 아니라면 두려움은 자연적이다.

두려움이 사라질 것이라는 말은 인생에 어떤 두려움도 없을 것이라는 뜻이 아니다. 모든 두려움의 90%는 상상에서 비롯된다. 10%의 진짜 두려움만 인정하면 된다. 나는 사람들을 용맹스럽게 만들지 않는다. 나는 사람들이 감응하는 사람이 되도록, 그리고 예민하게 깨어서 지켜보도록 도울 뿐이다. 그것으로 충분하다. 한 단계 더 높은 단계로 성숙하기 위해 두려움은 디딤돌이 된다. 그러니 두려워하지 말아라!

나 자신을 드러내 보이는 것이 아직도 너무 무섭습니다.
이유가 무엇일까요?

그것이 두렵지 않은 사람이 어디 있겠는가? 자신을 드러내 보일 때 끝없이 두려움이 몰려온다. 자연스러운 현상이다. 자신을 드러낸다는 것은 당신의 마음속에 쌓아둔 모든 쓰레기를 전부 내보인다는 것이다. 수 세기 동안, 그리고 많은 삶 동안 쌓아 올린 잡동사니를 드러내 보인다는 것이요, 당신의 모든 약점과 한계와 잘못이 폭로된다는 것을 뜻한다. 자신을 드러낸다는 것은 궁극적으로 인간의 최대 약점인 죽음을 노출한다는 의미이다. 자신을 노출한다는 것은 자신이 공허한 존재라는 것을 보여 주는 것이다.

마음에 가득 찬 모든 잡동사니와 소음을 걷어내고 나면 철저한 공허함이 자리를 잡는다. 신이 내재하지 않은 인간은 공허하다. 텅 비고 가치가 없다. 사람들은 이런 벌거벗고 추한 모습과 공허함을 감추고 싶어 한다. 아름다운 꽃으로 덮어 감춘다. 그럴듯한 덮개를 씌워 놓는다. 그리고 적어도 뭔가 중요한 사람인 체한다. 이것은 당신 한 사람에게만 해당하는 문제가 아니다. 보편적으로 이러하다. 모든 사람에게 해당하는 경우이다.

자기 자신을 책 펼치듯 펼쳐 보이는 사람은 아무도 없다. 두려움이 발목을 잡는다. "사람들이 나를 어떻게 생각할까?" 아주 어릴 적부터 당신은 가면을 쓰도록 배워왔다. 아름답게 장식한 가면이다. 그래서 진짜 얼굴이 아름다울 필요가 전혀 없었다. 그저 아름다운 가면으로 충분하다. 게다가 이 가면은 가격도 싸다. 얼굴을 바꾸는 것은 힘든 작업이다. 그러나 얼굴에 색을 입히는 것은 아주 단순하다.

이제 갑자기 당신의 진짜 얼굴을 사람들에게 드러내 보인다고 할 때, 당신의 가장 깊은 중심에서 떨림이 일어난다. 두려움이 솟는다.

사람들이 이 얼굴을 좋아할까? 나를 받아들여 줄까? 나를 여전히 사랑하고 존경할까? 과연 그럴까? 사람들은 여태껏 당신의 가면을 사랑했으며 당신의 명성을 존경했으며 당신의 의상을 찬양했다. 이제 두려움이 일어난다.

"내가 갑자기 모든 허울을 벗어 던져도 사람들이 계속 나를 사랑하고 존경하고 인정할까? 아니면 나에게서 멀리 도망갈까? 그래, 사람들은 아마 등을 돌릴 것이고, 결국 나는 혼자가 될 거야."

이런 이유로 사람들은 겉치레를 벗지 못한다. 겉치레는 두려움에서 비롯된다. 두려움에서 모든 거짓이 생긴다. 진짜 존재하기 위해서는 두려움이 없어야 한다.

인생의 기본 법칙 중 하나가 이것이니, 숨기는 것은 점점 크게 자라고, 내보이는 것은 좋은 결과를 낳는다. 악한 것을 드러내 보이면 햇빛 아래 이슬처럼 사라져 버린다. 그리고 선한 것을 드러낸다면 햇빛을 받은 식물처럼 더 잘 자란다. 선을 숨기면 그 반대 현상이 일어난다. 영양분을 얻지 못하기 때문에 선은 말라 없어진다. 선이 자라기 위해서는 바람과 비와 태양이 필요하다. 자연의 모든 것이 필요하다. 선은 진리와 함께 자라나며 진리를 영양분으로 삼는다. 영양분을 주지 않으면 점점 더 말라 죽고 만다. 이렇게 사람들은 실제를 굶기고 허위를 살찌우고 있다.

당신의 거짓 얼굴은 거짓말을 영양분으로 삼는다. 그렇기에 당신은 끊임없이 더 많은 거짓말을 만든다. 1개의 거짓말이 들통나지 않기 위해 100개의 거짓말을 해야 한다. 1개의 거짓말이 지지를 받기 위해서는 더 큰 거짓말이 필요하다. 당신이 겉모습을 내세워 그 뒤로 숨을 때 진실은 죽어 가고 허위는 번성한다. 반면 당신 자신을 드러낼 때 허위는 죽는다. 허위는 반드시 죽게 되어 있다. 명명백백한 곳에서 허위는 존재할 수 없다. 허위는 오직 비밀에 싸일 때만, 그리고 어둠 속에서만 존재한다. 깨이지 못한 의식의 어두컴컴한 터널 속에서만 존재한다. 허위를 명명한 의식의 세계로 끄집어올리면 연기처럼 사라져 버리고 만다.

이것이 정신분석학의 성공 비결이다. 간단한 비결이지만, 정신분석학의 비결은 이것이 전부이다. 정신분석학자들이 하는 일은 당신을 도와 무의식에 있는 모든 것을 밖으로 끌어내는 것이다. 어둠의 영역 안에 있는 모든 것을 의식의 차원으로 끌어내는 것이다. 어둠 속에 가라앉은 것을 의식의 표면을 끌어내어 당신이 볼 수 있도록, 다른 사람이 볼 수 있도록 한다. 이럴 때 기적이 일어난다. 암흑의 것이 소멸하는 기적이 일어난다. 무의식에 감춰 둔 것을 다른 사람에게 내보일 때, 정신분석학자와 같은 단 한 사람에게만이라도 내보일 때, 당신 존재에 커다란 변화가 일어난다. 그러나 정신분석학자에게 내보이는 것은 한계가 있다. 당신은 오직 한 사람에게만, 그것도 비밀로 내보였다. 당신의 비밀을 공개하지 않는다는 조건을 달고 당신은 상담에 임했다. 치료에 대한 비밀 엄수는 의사, 정신분석학자, 심리치료사에게는 직업상의 윤리이고 서약이다. 정신분석학은 정신분석학자 한 사람에게만 당신의 내면을 밝히는 제한된 노출이지만, 그래도 당신에게 도움이 된다. 남의 이야기를 듣는 것을 직업으로 삼는 사람에게 하는 노출이지만 그래도 도움은 된다. 정신분석은 시간이 오래 걸린다. 며칠에 끝날 수 있는 것이 정신분석에서는 몇 년이 걸린다. 4년이 걸릴 수도 있고 5년이 될 수도 있다. 아직 정신분석학은 완성조차 되지 않았다. 정신분석학의 여러 사례 중 완전히 종결짓고 끝난 것이 있다고 듣지 못했다. 아직은 없다. 내면의 노출이 매우 제한적으로 이루어지고 조건의 제약을 받기 때문에 심지어 당신이 찾아가는 정신분석학자도 완전한 정신분석을 받지 못했다. 정신분석학자는 당신의 이야기를 들어도 듣지 못한 체해야 한다. 그 누구에게도 당신의 이야기를 해서는 안 되기에 그렇다. 그렇지만 이런 치료도 도움이 된다. 당신의 짐을 더는 데 매우 큰 도움이 된다.

당신 자신을 종교적으로 드러내 보이는 것, 전문의가 아닌, 관계를 맺고 있는 모든 사람에게 드러내 보이는 것, 산야스Sannyas, 진정한 자기를 찾기 위해 명상의 길로 들어가는 것_역주란 바로 이런 것이다. 이것은 자신에게 하는 정신분석이다. 24시간, 모든 상황에서 할 수 있는 정신분석이다. 아내, 친구, 친척, 적, 낯선 사람, 직장 상사, 부하 직원과의 관계에서 모두 적용할 수 있다. 24시간 동안 정신분석을 하는 것이다.

자신을 드러내 보일 때 처음에는 극심한 무서움에 사로잡히지만, 곧 힘이 날 것이다. 밖으로 드러낼수록 진리는 더욱 강해지고 허위는 죽기 때문이다. 더욱 강화된 진리와 함께 당신은 존재의 뿌리를 깊게,

그리고 중심을 향해 내게 된다. 이럴 때 개체성Individuality, 개체성은 사회적인 맥락이나 후천적인 인격 형성의 과정과 무관한 존재 본연의 개체적 본질이다. 오쇼의 강의에서는 퍼스낼리티와 대비되는 개념으로 쓰인다. 퍼스낼리티는 사회적인 맥락과 관계 속에서 형성된 인격 체계를 뜻함_역주이 나타난다. 퍼스낼리티Personality는 사라지고 개체성이 나타난다.

퍼스낼리티는 위조된 것이고 개체성은 실질적이다. 퍼스낼리티는 표피이고 개체성은 진실이다. 퍼스낼리티는 외부로부터 주입되었다. 페르소나Persona, 즉 가면이다. 그러나 개체성은 당신의 실재이다. 신이 당신에게 준 것이다. 퍼스낼리티가 사회적 교양, 사회적 품위라면 개체성은 가공되지 않고 거칠고 강하다. 그 안에는 매우 큰 힘이 내재한다.

어릴 적부터 허위를 배워 왔고, 거짓 정체성을 키워 왔기 때문에 거짓을 버린다는 것은 당신에게는 자살 행위나 다름없다. 그래서 심각한 정체성의 위기가 닥치면 공포가 물밀듯이 밀려온다.

사람들은 거짓 정체성을 갖고 평생을 산다. 60년 동안 어떤 사람으로 살아왔는데, 어느 날 정체성의 위기를 맞이한다고 하자. 60세라는 나이는 인생의 마지막 무대이다. 여태까지의 정체성을 버리고 자신에 대해 다시 처음부터 배우라는 것은 두려운 일이 아닐 수 없다. 죽음은 하루하루 코앞으로 닥쳐오는데, 새 수업을 시작하라니? 과연 그 수업을 제대로 마칠 수 있을까? 그전에 죽지나 않을까? 옛 정체성을 잃어버리고 나서 새 정체성을 얻는 데 필요한 시간과 에너지와 용기가 모자란다면 어쩔 것인가? 그렇게 되면 정체성 없이, 자신이 누구인지도 모르고 죽어야 한다는 말인가? 인생의 마지막 무대를 정체성도 확립하지 못하고 산다는 말인가? 자신이 누구인지도 모르고 산다는 것은 미친 짓이나 다름없다. 이런 생각으로 당신은 기가 죽고 움츠러든다. 그래서 "며칠만 이대로 그냥 살자. 옛사람인 나, 익숙한 나, 안전한 나, 편안한 나로 그냥 살자."라고 생각한다. 당신은 옛 정체성에 익숙해 있다. 그리고 그것에 많은 투자를 했다. 평생을 쏟았다. 그래서 그럭저럭 당신이 누구라는 하나의 관념을 만들어냈다. 하지만 지금 이 자리에서 내가 말하는데 그 관념을 버려라! 당신은 그런 사람이 아니다.

당신 자신을 아는데 어떤 관념도 필요하지 않다. 오히려 모든 관념을 내던져 버려야만 당신의 진정한 모습을 알 수 있다.

두려움은 자연스러운 현상이다. 그러니 비난하지도 말고 잘못되었다고 생각하지도 말아라! 이런 태도는 사회에서 받은 교육에서 비롯된 것이다. 그저 두려움을 인정하고 뛰어넘어라! 비난하지 말고 뛰어넘어야 한다.

서서히, 아주 천천히 당신 자신을 드러내 보여라! 되지도 않는 점프를 할 필요가 없다. 한 걸음씩 서서히 나아가라! 그러면 조만간 진리의 맛을 볼 것이다. 당신은 지금까지 평생을 헛살았음을 알고 경악할 것이다. 당신의 옛 정체성은 없어졌다. 그리고 완전히 새로운 시각을 얻을 것이다. 정체성이 아니라 새로운 비전, 새로운 시야, 새로운 통찰력을 얻을 것이다. 이제까지 '나'라는 말을 할 때는 '나', 뒤로 많은 의미가 숨어 있었다. 이제는 그런 '나'를 말하지 않게 될 것이다. 물론 필요할 때는 '나는'이라는 표현을 쓰겠지만, 그 말속에 어떤 의미도, 어떤 중요성도, 어떤 존재론적 중요성도 내포되지 않을 것이다. '나'라는 말 뒤에는 무한하고 거대하고 신성한 대양이 있을 뿐이다.

당신이 다른 새 정체성을 얻는 것이 절대 아니다. 옛 정체성이 사라져 버리고 나면 생애 처음으로 당신이 신이라는 바닷속에 출렁이는 하나의 물결임을 알게 될 것이다. 이것은 정체성이 아니다. 바닷속에 당신이 따로 존재하지 않기 때문이다. 당신이라는 존재는 사라졌다. 신이라는 바다가 당신을 삼켜 버린 것이다.

거짓을 버리면 진리가 당신의 것이 된다. 거짓을 버리고 진리를 얻는 데 얼마나 가치 있는가. 아무것도 잃지 않고 당신은 모든 것을 얻는다.

> 저는 자신이 지루한 인간으로 느껴집니다. 아무 활력도 느끼지 못합니다. 당신은 우리 자신을 있는 그대로 인정하고 받아들이라고 하십니다. 그런데 나 자신 속에 아무 기쁨도 없는데, 어떻게 인생을 받아들이라는 말씀이십니까?

그대는 이렇게 물었다.
"저는 자신이 지루한 인간으로 느껴집니다."

이것은 위대한 발견이다. 그렇다. 내가 말하고자 하는 것이 이것이다. 자신이 지루하다는 사실, 정말 지루하기 짝이 없다는 사실을 아는 사람은 극히 드물다. 당신이 지루한 사람이라는 것을 다른 사람은 모두 알고 있는데, 정작 당신 자신은 모른다. 자신이 지루하다는 것을 깨달은 것은 위대한 첫걸음이다. 이제 약간의 이해만 이루어지면 된다.

권태를 느끼는 유일한 동물이 사람이다. 권태를 느끼는 것은 인간만의 특권이다. 인간 존엄성의 한 부분이다. 들소나 당나귀가 권태를 느끼는 것을 보았는가? 절대 지루해하지 않는다. 삶이 지루하다는 것은 당신 삶의 방식이 잘못되었다는 것을 의미한다. 그러므로 삶의 권태를 느끼는 것은 위대한 깨달음이요, 위대한 발견이다. "나는 지루해 죽겠어. 무엇인가를 해야 하겠어. 어떤 변화가 필요해." 그러므로 권태를 느끼는 것을 잘못이라고 여기지 말아라! 이것은 좋은 신호요, 훌륭한 첫걸음이요, 상서로운 시작이다. 그러나 이 정도에서 멈춰서는 안 된다.

인간은 왜 권태를 느낄까? 남이 주입한 죽은 방식으로 인생을 살기 때문이다. 이런 삶의 양식들을 버려라! 떨쳐 버려야 한다. 그리고 당신 자신의 삶을 살아라!

이것은 돈, 권력, 명성의 문제가 아니다. 문제는 당신이 진정으로 하고 싶은 것이 무엇이냐는 것이다. 당신이 하고 싶은 것을 해라! 결과는 무시해라! 그러면 당신의 권태는 사라질 것이다. 당신은 분명히 다른 사람의 생각을 계속 좇았을 것이다. 사회가 그것을 '옳게' 여기기에 다른 사람의 생각을 그대로 따랐다. 마땅히 해야 하는 방식으로 그 일을 했을 것이다. 이런 죽은 삶의 양식은 권태의 씨앗이 된다.

모든 인간은 지루함을 느낀다. 신비주의자가 되어야 할 사람이 수학자가 되었고, 수학자가 되어야 할 사람이 정치가가 되었고, 시인이 되어야 할 사람이 사업가가 되었다. 모든 사람은 어디에서나 자신의 자리를 차지하고 있다. 그러나 그들이 마땅히 있어야 할 자리에는 없다. 그러므로 자신의 자리를 바로 찾는 위험을 감수해야 한다. 당신이 과감히 위험을 감수한다면 눈 깜짝할 사이에 권태로움은 사라질 것이다.

당신은 "저는 자신이 지루한 인간으로 느껴집니다."라고 말했다. 당신은 자신으로 인해 권태를 느낀다. 그 이유는 당신이 자신에게 진실하지도 정직하지도 않기 때문이다. 당신 자신을 존중하지도 않았다.

그리고 당신은 또 말했다.

"아무 활력도 느끼지 못합니다."

활력을 어떻게 느낄 것인가? 당신은 원하는 것이 무엇이든 원하는 것을 할 때만 활력이 넘쳐흐른다.

빈센트 반 고흐는 그림을 그리면서 말할 수 없을 정도로 행복해했다. 한 점의 그림도 팔리지 않았고, 아무도 그의 진가를 알아보지 못했고, 그는 굶주리면서 거의 죽어 가고 있었다. 그의 동생이 최소한의 생활비를 빌려주었지만, 일주일 중 4일은 굶고 3일만 끼니를 이어야만 했다. 캔버스와 물감과 붓을 사기 위해서는 일주일 중 4일을 굶어야만 했다. 그렇게 하지 않으면 화구를 살 방법이 전혀 없었다. 그렇지만 그는 매우 행복했다. 그의 인생에는 활력이 흘러넘쳤다.

그는 33살에 죽었다. 자살이었다. 그러나 고흐의 자살이 당신의 삶보다 훨씬 더 훌륭하다. 그는 원하는 그림을 완성한 후에 자살했다. 자살하던 날, 그는 석양 그림을 완성했다. 그가 오랫동안 그리고 싶어 했던 그림이었다. 그는 편지에 이렇게 썼다.

"나의 일은 끝났네. 완성했어. 지극히 만족하며 이 세상을 떠나네."

그는 자살했지만, 나는 그의 죽음을 자살이라고 부르지 않는다. 그는 최대한의 삶을 살았다. 지극히 강렬하게 삶의 촛불을 태운 것이다.

당신은 아마 100살까지 살 것이다. 그러나 당신의 삶은 견디기 힘든 부담이 될 뿐이다. 당신은 이렇게 말했다.

"우리 자신을 인정하고 받아들여야 한다고 당신은 말한 적이 있습니다. 그런데 내 안에 아무런 기쁨이 없다는 것을 알기에 내 인생을 받아들일 수가 없습니다."

당신 자신을 받아들이라는 말은 당신 삶의 양식을 인정하라는 것이 아니다. 오해하지 말아라! 당신 자신을 받아들이라는 말은 다른 모든 것을 거부하고 '당신 자신'만을 인정하라는 의미이다. 그러나 당신은 자신만의 방법으로 해석했다. 하긴 세상일이 이렇게 오해의 연속인 것을.

화성인이 맨해튼에 비행접시를 착륙시키고 거리로 나왔다. 화성인에게 한 거지가 달려와 말했다.

"선생님, 100원만 적선해 주시오."

화성인이 물었다.

"100원이 뭐죠?"

거지는 잠시 생각하더니, 다시 말했다.

"선생님이 옳습니다. 500원만 주시오."

당신은 내 말을 잘못 이해했다. 나는 그렇게 말한 적이 없다. 외부로부터 주어진 모든 것을 거부해라! 외부로부터 주입된 것을 받아들이지 말아라! 그리고 저 너머의 세계에서 당신이 가지고 왔던 당신의 가장 깊은 중심을 받아들여라! 그럴 때, 당신은 이제 무엇인가를 놓쳤다고 느끼지 않을 것이다. 아무 조건 없이 자신을 인정하고 받아들이는 순간, 갑자기 기쁨이 화산처럼 폭발한다. 당신에게는 활력이 흘러넘칠 뿐만 아니라, 삶은 진정한 환희가 된다.

어떤 사람의 장례식 때의 일이었다. 장례식에 참석한 사람은 그들의 친구가 당연히 죽었다고 생각했다. 그러나 그 친구는 혼수상태에 빠져 있었을 뿐 죽은 것이 아니었다. 관에 흙을 뿌리기 직전에 그는 의식이 깨어 정상으로 돌아왔다. 친구들은 그에게 죽었을 때의 느낌이 어땠냐고 물었다.

"죽다니?!"

그는 소리쳤다.

"나는 죽어 있지 않았어. 무슨 일이 일어났는지 전부 알고 있었는

걸. 발이 시리고 배가 고르더라고. 그래서 나는 죽지 않았다는 것도 알았지."

"그럼, 살아 있는지는 어떻게 알게 되었어?"

호기심이 많은 친구 한 명이 물었다.

"아, 만약 여기가 하늘나라라면 배가 고프지도 않고 발도 시리지 않을 것으로 생각했지. 그래서 알았어."

배가 고프고 발이 시리다. 이렇게 죽지 않았음을 확인할 수 있다. 당장 일어나서 가볍게 달리기를 시작해라!

어떤 가난한 남자가 있었다. 교육도 제대로 받지 못했고 교양이라고는 눈을 씻고 찾아봐도 없었다. 그런데 그가 백만장자의 딸과 사랑에 빠졌다. 그녀는 그를 큰 저택으로 초대하여 부모님께 소개했다. 으리으리한 가구들과 하인들, 어디를 봐도 부잣집다웠다. 그는 기가 죽었다. 그래도 긴장한 기색을 보이지 않았다. 저녁 식사 전까지만 해도 그랬다. 육중한 식탁에 앉아 향기로운 포도주 냄새를 맡으면서 그는 크게 방귀를 뀌고 말았다.

애인의 아버지는 그를 한번 쳐다보더니, 그의 발아래 누운 자신의 애완견에게 시선을 돌렸다.

"로버!"

애인의 아버지는 겁을 주는 듯한 어조로 애완견을 불렀다.

애완견이 대신 누명을 뒤집어썼기에 가난한 남자는 마음이 놓였다. 그리고 몇 분 후에 또 방귀를 뀌었다.

애인의 아버지는 애완견을 보고 다시 큰 소리로 말했다.

"로버!"

몇 분 후 세 번째로 그는 방귀를 뀌었다. 애인의 아버지 얼굴은 분노로 일그러졌다. 그는 고함을 쳤다.

"로버, 제기랄! 그 자리에서 나오라니까. 그놈이 너에게 똥을 싸기 전에 말이야, 빨리!"

아직은 시간이 있다. 당신이 지금까지 살아왔던 감옥에서 나와라! 약간의 용기만 있으면 된다. 도박사의 작은 용기만 있으면 된다. 당신이 손해를 볼 것은 없다. 명심해라! 당신이 잃는 것은 그동안 당신을 구속했던 것, 권태로움, 끊임없이 내면에서 일었던 상실감이 전부이다. 또 잃을 것이 있겠는가? 외부에서 주입한 틀에서 벗어나 당신 자신의 존재를 받아들여라! 모세, 예수, 붓다, 마하비라_자이나교의 교조_역주, 크리슈나와 등을 돌려라! 그리고 당신 자신을 인정하고 받아들여라! 당신은 붓다, 자라투스트라, 카비르, 나나크에게 책임감을 가질 필요가 없다. 오직 자신만 책임지면 된다.

감응하는_Responsible_ 사람이 되어라! 내가 'Responsible'이라는 단어를 쓸 때 이 말을 오해하지 말아라! 나는 의무나 책임감을 말하는 것이 아니다. 나는 문자 그대로의 뜻을 말하고 있다. 실재에 반응하는 것, 이것이 '감응한다'라는 뜻이다.

여태껏 당신은 감응하지 못하는 인생을 살아왔음이 분명하다. 다른 사람의 기대를 충족시켜야 한다는 책임감으로 살아왔다. 지금 이런 당신이 잃을 것이 있겠는가? 당신은 지루하다. 당신에게는 활력이 없다. 감옥에서 나오는 것 말고 더 필요한 것이 있겠는가? 뛰어나와라! 그리고 뒤돌아보지 말아라!

사람들은 말한다. 뛰어내리기 전에 두 번 생각하라고. 그러나 나는 이렇게 말하고 싶다. 먼저 뛰어내린 후에 얼마든지 생각해라!

공허함이 주는 두려움에 대한 명상

매일 밤 잠들기 20분 전에 눈을 감고 당신의 텅 빈 내면 안으로 들어가라! 내면의 텅 빈 곳을 인정하고 그대로 거기에 있게 해라! 두려움이 일어나는 것도 그대로 놔두어라! 몸이 떨리도록 두려워해라! 텅 빈 곳을 거부하지 말고 인정해라! 2, 3주 후면 그것이 주는 아름다움을 느낄 것이다. 비어 있음이 나름대로 신의 은총임을 알게 될 것이다. 그 은총에 가슴이 벅차오를 때 두려움은 저절로 사라진다. 그것을 붙잡고 씨름할 필요가 전혀 없다.

방바닥에 무릎을 꿇고 앉든 가장 편한 자세를 취해라! 자연스럽게 머리가 앞으로 숙여진다면 그렇게 해라! 아마도 태아 자세가 자연스럽게 나올 것이다. 엄마 뱃속에 들어있는 태아와 같은 자세이다. 머리가 무릎이나 방바닥에 자연스럽게 닿으면 그렇게 해라! 당신 내면의 자궁으로 들어가 거기에서 그저 있어라! 그것이 어떤 것인지 알고 있어라! 그것은 당신이 이전까지 전혀 몰랐던 어떤 것이다. 그것은 전혀 다른 미지의 차원에서 비롯된 것이기에 당신 마음에는 불안이 감돌 것이다. 마음은 그것을 다룰 능력이 안 된다. 이전에 이와 같은 것을 알지 못했기에 마음은 당황하게 된다. 그리고 그것을 분석하여 분류하고 이름 붙이기를 원한다.

그러나 마음이 기존의 세계라면 신은 미지의 세계이다. 기존의 것은 절대 미지의 세계의 부분이 될 수 없다. 한번 기존의 세계로 들어가면 미지의 세계, 신의 세계에 속하지 못한다. 미지의 것은 알 수 없는 것으로 남아야 한다. 당신이 미지의 세계로 들어가더라도 그 세계는 여전히 알 수 없는 것으로 남게 된다. 불가사의는 절대 풀리는 법이 없다. 신비의 본질이 그렇다.

그러므로 매일 밤 내면의 그 공간 안으로 들어가라! 두려움이 거기에 있고 떨림이 거기에 있다. 잘못된 것이 아니다. 점차 두려움은 조금씩 줄어들고, 반대로 기쁨은 더욱 많아질 것이다. 3주가 채 못 된 어느 날, 갑자기 넘쳐나는 행복감을 느낄 것이다. 에너지가 한순간 솟구쳐 오르고 기쁨에 넘치는 당신 존재를 발견할 것이다. 마치 밤이 지나고 아침 태양이 지평선 위로 찬란한 모습을 드러내는 것과 같다.

두려움에서 벗어나는 명상

> 어릴 적 생활 방식을 지금도 되풀이하고 있습니다. 어릴 적에 부모님이 꾸짖거나 나에 대해 좋지 않은 말을 할 때마다 외부로의 모든 문을 닫고 도망치곤 했습니다. 그리고 다른 사람들 없이도 혼자 잘 할 수 있다는 생각으로 자신을 위로했습니다. 그런데 지금도 이와 똑같은 방법으로 친구들을 대하고 있습니다.

옛 습관은 점점 굳어지기 마련이다. 그와 반대로 해 보아라! 내면의 문을 닫고 싶은 생각이 들 때마다 반대로 열어라! 밖으로 나가고 싶을 때면 나가지 말아라! 말을 하고 싶지 않을 때는 말을 해라! 논쟁을 피하고 싶을 때는 오히려 기세등등하여 논쟁에 뛰어들어라!

어떤 상황에서 두려움을 느낀다면 선택 방법은 2가지이다. 싸우든 도망치든 2가지 중 하나이다. 전통을 중요시하는 나라의 아이들은 일반적으로 맞서 싸우지 못한다. 그러나 미국에서는 아이들이 하도 대들어서 반대로 부모들이 도망치기 일쑤다. 그러나 전통이 깊은 나라에서나 전통적 가치를 강조하는 가정의 아이들은 맞서 싸울 수 없다. 그래서 유일한 방법은 내면에 보호막을 만들어 외부와 차단되는 것이다. 이렇게 해서 당신은 내면 안으로 도망치는 습관을 들여왔다.

도망치고 싶은 기분이 들 때면 오히려 굳건하게 그 자리를 지켜라! 녹록지 않은 사람이 되어라! 싸울 때는 최선을 다해 싸워라! 이것이 당신이 해야 하는 유일한 방법이다. 한 달 동안 이렇게 반대로 행동하면 뭔가 달라질 것이다. 정반대로 행동하면 당신은 이 2가지, 회피하기와 싸우기를 모두 떨쳐 버릴 방법을 이해할 것이다. 2가지 방법 모두 잘못되었다. 그러기에 모두 내버려야 한다. 그럴 때만 두려움이 사라진다. 한 가지 잘못된 방법이 너무 깊이 당신 안에 뿌리내려 있기에 처음에는 다른 방법을 써서 균형을 잡아 주어야 한다.

한 달 동안은 어떤 일에서나 진정한 전사戰士가 되어 보아라! 그러면 더없이 기분이 좋아질 것이다. 그전에는 도망칠 때마다 기분이 나쁘고 열등감에 사로잡혔을 것이다. 자기 자신을 닫아 잠그는 것, 이것이 겁쟁이들의 방법이다. 이제는 용맹한 사람이 되어라! 그리고 나서 이 2가지 방법을 모두 버려라! 용맹도 깊은 내면에서는 겁의 일종이기 때문이다. 용맹함과 비겁함이 둘 다 없어지고 나면 모든 두려움은 저절로 사라진다. 자, 지금 시도해 보아라!

신뢰하기 위한 명상

신뢰하기가 힘들다면 과거를 돌이켜 생각해 보아라! 기억 속을 깊이 더듬어라! 과거로 들어가라! 과거의 흔적들도 가득 찬 마음을 깨끗이 비워야 한다. 옛날부터 차곡차곡 쌓아 둔 쓰레기 더미가 당신의 마음속에 산처럼 쌓여 있을 것이다. 그것들을 치워라!

이것이 문제를 해결하는 열쇠이다. 단지 기억을 더듬는 것이 아니라 생생히 눈앞에 떠올려 보아라! 이것을 명상으로 삼아라! 매일 밤 1시간씩 과거로 돌아가라! 어릴 적 어떤 일이 일어났었는지 곰곰이 기억을 떠올려 보아라! 자세하게 떠올릴수록 좋다. 당신은 과거의 많은 일을 숨겨 두고 의식 세계로 떠오르지 못하도록 만들었다. 지금 그것들을 의식의 표면에 떠올려라! 매일 밤 과거를 더 자세히 회상해라!

회상하다 보면 갑자기 당신 앞에 만리장성과 같은 높은 벽이 나타나 더 이상의 기억을 차단할 것이다. 그래도 계속 떠올려라! 그러면 점차 2살, 3살로 거슬러 올라가 더 먼 과거가 보일 것이다. 어떤 사람들은 엄마 뱃속으로부터 태어날 때의 기억까지 되새기곤 한다. 엄마 뱃속에서의 때를 기억하는 사람도 있고, 그 너머의 사건인 전생에서 죽었던 때를 기억하는 사람도 있다.

태어날 때로 거슬러 올라가 그때의 순간을 기억할 수 있다면 그 기억은 아마 깊은 고뇌와 고통이 될 것이다. 태어날 때의 경험을 다시 하게 될 것이다. 아기가 첫울음을 터뜨릴 때처럼 비명을 지를지도 모른다. 아기가 자궁으로부터 나올 때 숨이 탁 막히는 것처럼 당신도 숨이 막히는 경험을 할 것이다. 아기는 출생 후 몇 초 동안은 숨을 쉬지 못한다. 위기일발의 순간이다. 아기가 울음을 터뜨리고 나서야 숨이 들어온다. 기도氣道가 열리고 폐가 기능을 하기 시작한다. 이런 시점까지 거슬러 올라가야 한다. 그리고 거기에서 다시 뒤로 거슬러 올라가 회상해라! 매일 밤 과거를 돌이켜 생각해라! 이렇게 하는 데 3개월에서 9개월까지 걸릴 것이다. 매일 당신의 짐은 점점 가벼워질 것이다. 동시에 신뢰가 자연스럽게 우러나올 것이다. 과거가 명료해지면 과거의 모든 일을 다시 볼 수 있고, 그러면 당신은 과거로부터 해방된다. 이것이 바로 열쇠이다. 기억 속의 어떠한 것이든 자각할 수 있다면 그것으로부터 당신은 해방이다. 자각은 해방을, 무의식은 구속을 준다. 자각 속에서 신뢰의 싹이 튼다.

두려움을 사랑으로 바꾸는 명상

　의자에 앉거나 가장 편안하다고 생각되는 자세로 앉아라! 무릎 위에 두 손을 가지런히 모아라! 오른손 위에 왼손을 포개 놓아라! 손의 위치가 중요하다. 오른손은 왼쪽 뇌와 연결되었으며, 두려움은 항상 왼쪽 뇌에서 나온다. 왼손은 오른쪽 뇌와 연결되었으며, 오른쪽 뇌에서 용기가 나온다.
　왼쪽 뇌는 이성의 중심지이다. 이성이란 겁쟁이이다. 그래서 용맹과 지성을 동시에 갖춘 사람을 찾기란 어렵다. 용맹하다 싶으면 지성이 없다. 용맹한 사람은 이성과는 거리가 멀고 그럴 수밖에 없다. 오른쪽 뇌는 직관의 근원지이다. 왼손을 오른손 위에 놓는 이 자세는 상징적이다. 이성보다는 직관을 우선해야 함을 상징한다. 그리고 이 자세는 에너지의 흐름에도 영향을 미칠 수 있다.

오른손 위에 왼손을 놓고 양쪽 엄지손가락을 맞대어라! 그런 뒤에 두 눈을 감고 이완해라! 아래턱의 긴장을 풀어라! 턱에 힘을 주지 말아라! 입으로 호흡하도록 턱의 긴장을 풀어라! 코가 아닌 입으로 숨을 쉬어라! 아주 이완될 것이다. 코로 호흡하지 않는다면 마음이 가지고 있는 옛 양식이 더는 기능을 하지 못한다. 지금까지의 호흡에 비해 새로운 호흡이다. 새로운 호흡 체계가 세워지면 새로운 습관이 더욱 쉽게 자리 잡을 수 있다.

코로 숨을 쉬지 않는다면 당신의 뇌는 호흡으로 자극을 받지 않는다. 숨은 뇌로 가지 않고 폐로 곧장 간다. 그렇지 않고 코로 숨을 쉬면 뇌는 끊임없이 자극을 받는다. 양쪽 콧구멍으로 공기가 똑같이 들어가는 것처럼 보이지만, 실제로는 그렇지 않다. 한쪽 콧구멍으로 공기가 더 많이 들어간다. 40분 후에는 또 다른 콧구멍으로 더 많이 들어간다. 한쪽 콧구멍으로 들어온 숨은 뇌의 한쪽 면을, 다른 쪽 콧구멍으로 들어온 호흡은 또 다른 쪽의 뇌를 자극한다. 이러한 방식으로 호흡은 40분 단위로 바뀐다.

그러므로 이 자세로 앉아 입으로 숨을 쉬어라! 코는 구멍이 2개이지만, 입은 1개이다. 입으로 호흡하면 어떤 변화도 일어나지 않는다. 1시간 동안 앉아서 이런 방법으로 호흡해라! 어떤 변화도 없이 당신은 한 가지 상태를 유지할 것이다. 그러나 코로 숨을 쉬면 한 가지 상태로 계속 있을 수 없다. 당신이 미처 변화를 의식하지 못하는 사이에 당신의 상태는 자동으로 바뀐다.

　이런 자세와 호흡법은 당신을 새로운 상태로 이끌 것이다. 고요하고 하나가 된 이완 상태이다. 당신의 에너지는 새로운 길로 흐르기 시작한다. 적어도 40분은 조용히 앉아서 무위無爲의 상태로 있어라! 1시간 동안 그렇게 있으면 매우 큰 도움이 될 것이다. 처음에는 40분으로 시작하여, 조금씩 60분까지 시간을 늘려라! 매일 이렇게 해라!

　그동안 어떤 기회가 당신에게 다가오면 놓치지 말아라! 항상 기회를 포착해라! 항상 인생을 선택하고 할 일을 선택해라! 절대 후퇴하거나 도망치지 말아라! 창의적인 일을 할 수 있는 기회가 오면 놓치지 말고 즐겨라!

마지막 질문 : 신에 대한 두려움

> 비록 가설이지만, 어떤 인격신Personal God이 우리를 지켜보고 있다는 생각이 어느 면에서는 도움이 되지 않을까요? 신이란 관념을 떨쳐 버린다는 생각만 해도 저는 너무 두렵습니다.

신이란 관념을 떨쳐 버리는 것이 왜 그토록 두려운 것일까? 물론 신이 있다고 생각하면 다소나마 두려움에서 벗어날 수 있다. 신이란 관념을 떨쳐 버리면 두려움이 밀려온다. 신이란 관념은 일종의 심리적인 방어가 된다. 신이란 원래 그런 것이다.

아기는 두려움을 많이 탄다. 그러나 엄마 뱃속의 태아에게는 어떤 두려움도 없다. 엄마 뱃속의 태아가 유대교 회당이나 교회에 가고 싶다는 생각이나, 성경이나 코란, 기타Gita에 대해 생각한다는 이야기는 전혀 들어본 적이 없다. 또한 신이 있는지 없는지 태아는 관심조차 없다. 엄마 뱃속의 태아가 신, 악마, 천국, 지옥에 관심이 있을 것이라고는 상상조차 할 수 없다. 왜냐하면 아기는 이미 낙원에 있다. 어떤 곳도 그곳보다 좋을 수 없다.

태아는 따뜻하고 아늑한 집에서 완벽히 보호받는다. 그리고 자기 주위에는 온갖 영양분들이 가득하다. 놀라운 사실은 9개월 동안 태아는 세상에서 9년 성장한 것보다 많이 자란다. 9개월 동안 태아는 기나긴 여행을 한다. 무에서 하나의 존재로 변화하는 것이다. 태아는 존재의 형태를 갖추는 것부터 시작하여 몇백만 년의 진화 과정을 9개월에 걸쳐 겪는다. 진화의 모든 단계를 겪는 것이다.

태아의 인생은 완벽하게 안전하다. 직장을 구할 필요도 없고, 배고픔이나 굶주림에 대한 두려움도 없다. 모든 것은 엄마 몸에서 충족된다. 9개월 동안 엄마의 뱃속에서 완벽한 보호 속에 산 것이 바로 한 가지 문제를 일으킨다. 바로 종교를 낳은 것이다.

아기가 엄마 배에서 나올 때, 첫 번째로 경험하는 것이 두려움이다.

그럴 수밖에 없다. 지금까지의 안전하고 편안한 집을 잃은 것이다. 온기도 잃고 주위 환경도 바뀐다. 아기가 여태껏 세상이라고 알고 지내던 모든 것이 사라져 버린 것이다. 그리고는 어떤 낯선 세계로, 전혀 알지 못하는 세상으로 내동댕이쳐졌다. 그곳에서 아기는 스스로 숨을 쉬어야만 한다.

아기는 스스로 숨을 쉬어야 한다는 것을 알기까지 몇 초가 걸린다. 이제는 엄마가 대신 호흡해 줄 수가 없다. 아기가 이것을 깨달을 수 있도록 의사는 아기를 거꾸로 들어 올려 엉덩이를 찰싹 때린다. 이게 이 세상의 시작이란다! 환영한다!

엉덩이를 맞고 나서 아기는 숨을 쉬기 시작한다. 당신은 두려움이 몰려올 때 호흡이 변하는 것을 관찰한 적이 있는가? 아직 관찰하지 못했다면 지금 유심히 지켜보아라! 두려움으로 떨 때마다 호흡이 갑자기 변한다. 편안하고 두려움이 없을 때의 호흡은 조화롭고 고르고 고요하다. 깊은 명상에 잠기면 마치 숨이 멎는 것과 같은 느낌이 들 때도 있다. 진짜 멎는 것이 아니라, 마치 숨을 쉬지 않는 것처럼 고요해진다.

아기의 첫 경험은 모든 것에 대한 두려움이다. 9개월 동안 아기는 고요한 어둠 속에서 지냈다. 그런데 아기가 태어나 처음 보는 것은 병원 분만실 안에서 눈부시게 비추는 불빛들이다. 이전에는 이런 빛을 본 적이 없기에, 아예 반딧불만큼의 빛도 본 적이 없기에, 아기의 망막에 이 불빛들은 너무 강하다. 그래서 아기의 눈에 큰 타격이 된다.

의사는 몇 초 만에 모든 일을 끝낸다. 엄마와 연결된 탯줄을 싹둑 자른다. 9개월 동안 안전하게 지켜 주었던 마지막 희망마저 사라져 버린다. 그리고 아기는 보잘것없는 존재가 되고 만다. 누구나 다 알겠지만, 인간의 아기처럼 무기력한 존재는 없다. 온 우주를 통틀어 그렇다.

동물의 새끼는 인간의 아기만큼 연약하지 않다. 이런 이유로 들판의 말은 신이란 가설을 만들지 않는다. 코끼리도 신에 대해 생각하지 않는다. 신이 필요 없기 때문이다. 새끼 코끼리는 태어나자마자 일어나 걷고 주위를 둘러보고 삶을 개척하기 시작한다. 인간의 아기처럼 무기력하지 않다. 사실 인간의 아기는 어찌나 무기력한지, 모든 것을 외부에 의존한다. 사회, 문화, 종교, 철학 등 아기는 모든 것을 의존한다.

동물의 세계에는 가정이 없다. 새끼에게 부모가 필요하지 않기 때문이다. 그런데 인간은 아기를 위해 어떤 제도를 만들어야 했다. 아기를 돌보기 위해 아빠와 엄마는 같이 살아야만 한다. 아기는 그들 섹스의 결실이기 때문이다. 그들 행위의 결과이다. 다른 새끼 동물들처럼 아기가 홀로 남겨지면 절대 혼자 생존할 수가 없다. 불가능하다. 어디에서 음식을 구하고, 누구에게 부탁하고, 무엇을 얻겠는가?

아기가 너무 일찍 나와서 그런 것일까? 몇몇 생물학자가 말하기를, 인간의 아기는 너무 일찍 세상에 나온다고 한다. 9개월은 충분하지 않다. 9개월 만에 나온 아기는 너무 무기력하다. 그러나 신체 구조상 엄마는 아기를 9개월 이상 뱃속에 넣고 있을 수 없다. 9개월이 지나면 어머니의 생명이 위태롭게 된다. 어머니가 죽으면 태아도 죽을 것이다.

계산상으로 아기가 어머니 자궁에서 최소 3년 동안만 자란다면 아마 부모나 가족, 사회, 문화, 신, 성직자가 필요 없을 것이라고 한다. 그러나 아기는 3년 동안 있지 못한다. 인류의 모든 행동양식, 사고, 가족 구조, 사회가 이런 이상한 생물학적 상황의 영향을 받은 것이다. 그리고 이런 생물학적 상황에서 두려움이 생긴다.

아기의 첫 경험은 두려움이다. 인간의 마지막 경험도 두려움이다.

탄생은 일종의 죽음이다. 반드시 명심해야 할 사항이다. 아기의 시점으로 돌아가 보자! 아기는 자궁이라는 세상에서 아주 만족스럽게 살았다. 어떤 부족함도 없이 욕심도 없이 살았다. 존재 자체를, 성장 자체를 즐기면서 살았다. 그리고 갑자기 아기는 밖으로 내동댕이쳐진다.

아기의 처지에서 보면, 이 경험은 죽음이나 다름없다. 아기가 알던 모든 세상이 사라진 것이다. 모든 안전함이 사라지고 안락한 집에서 쫓겨난 것이다. 인류는 자궁처럼 안락한 집을 만드는 것이 불가능하다고 과학자들은 말한다. 세상의 모든 집은 안락한 자궁을 흉내 낸 노력의 산물에 불과할 뿐이다.

인간은 자궁 안과 비슷한 느낌을 줄 수 있는 물침대를 개발했다. 태아 때의 느낌을 조금이라도 되살리려고 뜨거운 욕조에 들어가 몸을 눕힌다. 목욕을 진짜 즐길 줄 아는 사람은 목욕물에 소금을 탄다. 자궁의 양수는 바닷물과 같은 농도로 짜기 때문이다. 그러나 욕조에 얼마나 오랫동안 누워 있을 수 있을까? 인간이 집마다 욕조를 가진 이유는 잃어버린 자궁을 되찾으려는 욕구에서 비롯되었다.

지크문트 프로이트는 깨달음을 얻은 사람이 아니었다. 그는 다소 엉뚱한 사람이었다. 하긴 엉뚱한 사람도 가끔은 기발한 생각을 하긴

한다. 그는 어쩌다 의미심장한 생각을 해냈다. 예를 들어, 그는 남자의 섹스가 자궁 안으로 다시 들어가려는 노력에 지나지 않는다고 생각했다. 이 생각 속에 어쩌면 큰 뜻이 담겨 있을 수도 있다. 프로이트는 제정신을 가진 사람은 아니었지만, 어쨌든 그의 이런 생각은 꽤 흥미롭다. 지크문트 프로이트와 같은 엉뚱한 사람의 생각도 귀담아들을 필요가 있다.

그의 이런 생각에는 자궁을 찾아 나선다는 것, 즉 자신이 나왔던 길로 되돌아간다는 것이라는 진실이 담겨 있다. 그렇지만 이제 자궁으로 되돌아간다는 것은 불가능하다. 그래서 인간은 자궁을 대체할 수 있는 무엇인가를 만들기 시작했다. 동굴, 집, 비행기 등이 이것이다. 비행기의 내부 공간을 한번 보아라! 미래의 언젠가 인간들이 비행기 안에 뜨거운 소금물 욕조를 만들어 놓는다고 해도 놀랄 일이 아니다. 하지만 비행기 안에 자궁과 유사한 환경을 만들어 놓아도 똑같은 만족을 주지는 못한다.

인간은 비행기를 안락하게 만들려고 갖은 애를 쓴다. 버튼을 누르면 스튜어디스가 앞에 대기한다. 가능한 한 편안하게 만들려고 아무리 노력해도 자궁 안과 같은 안락함은 만들 수 없다. 엄마 뱃속에서는 버튼을 누를 필요가 없다. 배가 고프다고 느끼기도 전에 포만감이 밀려온다. 산소가 필요하다고 느끼기 전에 벌써 산소가 제공된다. 아기는 그저 가만히 있으면 될 뿐, 자신에 대해 어떤 책임도 지지 않는다.

그래서 아기가 엄마 자궁을 벗어나는 것은 죽음과 같다. 아기는 자궁에서 나오는 것을 탄생으로 느끼지 못한다. 우리의 생각으로만, 밖에 서 있는 우리들의 관점으로만 이것을 탄생이라고 할 뿐이다.

인생이 끝날 무렵에 인간은 이런 경험을 다시 한다. 평생에 걸쳐 그는 무엇인가를 이루려고 노력했다. 작은 집과 가정을 만들었고, 친구들을 사귀었다. 그는 세상 속에서 자신이 편히 쉴 수 있고 인정받을 수 있는 자신만의 공간을 만들어 거기에 안주했다. 그 공간을 지키려고 애를 쓰다가 어느 날 갑자기 그는 다시 밖으로 내동댕이쳐지고 있는 자신을 발견한다.

의사가 다시 다가온다. 태어날 때 엉덩이를 때렸던 바로 그 의사이다. 이 세상에 태어날 때는 호흡하는 것으로 시작되었다. 그러나 이제 우리가 알고 있는 것은 무엇인가? 우리는 이쪽 생에 있기에 저쪽 생에 대해서는 아는 바가 없다. 그래서 내세來世는 상상력에 맡길 수밖에 없다. 상상 속에서 천국과 지옥이 만들어진다. 모든 상상력은 이처럼 엉뚱하다.

우리는 이쪽 생에 있고 이 남자는 죽어 간다. 우리의 눈에 이 남자는 죽어 간다. 죽어 가고 있는 것처럼 보이지만, 다시 태어나는 중일 수도 있다. 이 사실을 그 사람만이 알고 있다. 그러나 그는 우리에게 "걱정하지 마. 나는 죽지 않아. 여전히 살아 있어."라고 말할 수 없다. 어머니 자궁으로 다시 돌아갈 수도 없고 모든 사람에게 작별 인사를 할 수도 없다. 그는 이미 돌아올 수 없는 길을 갔기 때문에 "걱정하지 마. 나는 죽지 않아. 다시 태어나는 거야."라고 말할 수 없다.

힌두교의 재생再生 개념을 살펴보면, 출생 과정을 그대로 투영하고 있다. 아기가 태어날 때 자궁의 처지에서 본다면 아기는 죽은 것이다. 아기의 처지에서 봐도 아기는 죽어 가고 있다. 그러나 우리의 처지에서 본다면 아기는 태어난 것이다. 죽음이 아니라 탄생이다. 죽음에 대해서도 힌두교는 똑같은 개념을 투영한다. 사람이 죽음을 맞이할 때 이 생의 관점에서 본다면 그는 죽어 가는 것처럼 보이지만, 저쪽 생에서 본다면 죽음이 아니라 탄생이다.

그러나 내세의 일은 상상할 수밖에 없다. 그래서 우리는 원하는 대로 내세를 만든다.

모든 종교는 각기 다른 방법으로 내세를 설정한다. 모든 사회와 문화는 각기 다른 지리적 특징과 다른 역사에 근거하기 때문이다. 예를 들어보자. 티베트인들은 내세가 선선할 것으로 생각하지 않는다. 추운 곳에 사는 티베트인들에게 날씨가 선선한 내세는 끔찍하다. 내세가 추울 것이라고는 상상조차 못 한다. 티베트인들은 사람이 죽으면 몸이 따뜻해진다고 생각한다. 죽으면 사시사철 따뜻한 새로운 세상으로 들어가기 때문이다.

인도 사람들에게 내세는 따뜻해서는 안 된다. 인도의 1년 중 4개월은 살인적인 더위이다. 그러니 영원히 따뜻한 곳에서 산다고 하면 몸이 바짝 구워질 것이다. 옛날 사람들은 에어컨에 대해 아는 바가 없었지만, 힌두교의 낙원을 살펴보면 거의 에어컨이 작동되는 것이나 다름없다. 공기는 늘 시원하게 유지된다. 덥지도 춥지도 않고 항상 시원하다. 항상 선선한 봄 날씨이다. 꽃이 활짝 피고 바람은 향기로운 꽃냄새로 가득하다. 새가 아름다운 노래를 지저귀고 만물이 생동하는 봄이다. 하지만 따뜻하지는 않다. 늘 시원하다. 이렇게 그들은 항상 생각했다. 우리의 낙원에는 언제나 시원한 바람이 분다.

내세에 대한 이런 생각은 마음의 작용이다. 그렇지 않고서는 티베트인의 인도인의 이슬람교도의 내세가 이렇게 다를 리 없다. 이슬람교도의 내세는 사막일 리 만무하다. 그들은 아라비아 사막 때문에 엄청난 고초를 겪었다. 그래서 내세에는 오아시스만 있다. 어디를 둘러봐도 오아시스만 있다. 100마일을 겨우 헤맨 후에 나타나는 손바닥만 한 오아시스, 얕은 물과 나무 몇 그루만이 있는 오아시스가 아니다. 사막은 아예 없고 오아시스만 가득한 그런 곳이다.

우리는 이렇게 내세를 상상하지만, 죽어 가는 사람에게 죽음은 그가 과거에 이미 경험했던 똑같은 과정의 되풀이이다. 죽음을 맞이할 때 혼수상태에 빠지지 않고 의식이 깨어 있다면 온 생애가 눈앞에 스쳐 간다. 이생을 떠날 때 과거의 일들을 한번 돌아보는 것은 매우 의미 있는 일은 듯하다. 몇 초 만에 세월의 달력이 빠르게 넘겨진다. 마치 영화 같다.

영화 속에서는 달력이 빠르게 넘어가는 장면을 통해 세월이 지나가는 것을 암시한다. 2시간짜리 영화에 많은 세월을 보여줘야 한다. 그런데 보통 속도로 달력을 넘기면 아마 2년 동안 극장에 앉아 있어야 할지도 모른다. 누가 그렇게 하겠는가? 그러기에 영화 속에서 달력은 빠르게 넘어가고 극 중의 세월 역시 빠르게 앞당겨진다. 죽음을 맞이할 때 달력은 그보다 더 빨리 넘어간다. 온 생애가 전광석화처럼 눈앞에서 지나간다. 그리고 이 세상에 나왔던 첫 순간에서 멈춘다.

당신의 출생 순간을 기억해 보아라! 당신의 신은 당신이 세상에 나온 첫날에 느꼈던 두려움에 지나지 않는다. 그 두려움은 점점 더 커지면서 죽는 날까지 계속된다. 이런 이유로 젊었을 때 무신론자였던 사람이 나이가 들어도 계속 무신론자로 남아있기가 힘들다. 죽을 날이 가까워져 한쪽 발을 무덤 속에 집어넣은 무신론자가 가까이 있다면 한번 물어보아라!

"여전히 신이 없다고 생각하나요?"

무신론자는 이렇게 대답할 것이다.

"지금 재고 再考 중이네."

두려움 때문이다. 죽은 후에 어떤 일이 벌어질지 두렵기 때문이다. 그의 생애가 전부 사라지고 있다는 두려움이다.

당신은 "신이란 관념을 떨쳐 버린다는 생각만 해도 저는 너무 두렵습니다."라고 말했다. 이 말로 다음의 사실을 간단히 알 수 있다. 당신은 신이라는 바위로 두려움을 억누르고 있던 것이다. 그래서 바위를 치우는 순간에 그 두려움이 용솟음쳐 오른다.

두려움이 다가오면 그 두려움을 똑바로 직시해야 한다. 신이 가설에 지나지 않음을 안 이상, 신이라는 관념으로 그 두려움을 덮어씌우려고 하는 것은 아무런 도움도 되지 않는다. 당신은 예전과 같은 믿음을 가질 수 없다. 믿음은 이미 파괴되었다. 당신은 이제 신을 믿을 수 없다. 의심이 실재라면 믿음은 허구이다. 명백한 사실 앞에서 허구는 이제 설 자리가 없다. 당신에게 신은 계속 가설로 남을 것이다. 이러니 어떤 기도를 해도 헛수고이다. 신이 가설이라는 것을 알게 되면 절대 잊지 못할 것이다.

한번 진리에 대해 알게 되면 그 진리를 절대 잊을 수 없다. 이것이 진리의 특징이다. 힘들여 기억할 필요가 없다. 그러나 한번 거짓말을 하면 계속 기억해야 한다. 거짓말은 잊을 수 있기 때문이다. 거짓말을 하는 데 익숙해진 사람은 진리에 익숙한 사람보다 기억력이 더 탁월해야 한다. 진실한 사람은 기억력이 필요 없다. 당신이 오직 진실만을 말한다면 그것을 기억할 필요가 없다. 그러나 거짓을 말한다면 거짓말은 계속 기억해야 한다. 한 사람에게는 어떤 거짓말을, 다른 사람에게는 다른 거짓말을, 누군가에게는 또 다른 거짓말을 했기 때문이다. 누구에게 어떤 말을 했는지 마음속에 분류하여 저장해 놓아야 한다. 그리고 거짓말에 대해 누군가 질문을 하면 또 다른 거짓말을 해야 하기에 나중에는 하나의 연재물이 되어 간다. 거짓말은 산아 제한을 모른다.

진실은 독신주의자와 같다. 진실은 거짓말과는 다르게 줄줄이 자식을 낳지 않는다.

당신은 신이 가설에 지나지 않음을 깨달았다. 신이라는 가설을 만든 사람들은 성직자, 정치가, 권력자, 교육자들이다. 그들은 당신을 심리적 노예 상태로 빠뜨리기를 원한다. 당신이라는 노예에 대해 그들은 이미 어떤 기득권을 갖고 있다. 그들은 당신이 두려움에 떨기를 원한다. 항상 내면 깊은 곳에서 두려움으로 벌벌 떨기를 바란다. 두려움이 없으면 위험인물이 되기 때문이다.

겁쟁이가 되든, 아니면 두려움 없는 사람이 되든, 모두 당신에게 달렸다. 두려움에 떨면서 미리 머리를 수그리고 굴복하며, 그 자신에 대해 어떤 존엄도 갖추지 못하고, 자신이라는 존재에 대해 어떤 존경도 보내지 않는 사람이 되든, 아니면 두려움 없는 사람이 되든, 2가지 중 하나를 선택할 수 있다. 그러나 용기 있는 사람이 된다면 당신은 혁명가가 될 수밖에 없다. 맹목적인 신앙에 목을 매고 사는 겁쟁이가 되든, 아니면 혁명 정신이 투철한 용기 있는 사람이 되든, 2가지 중 하나이다. 당신이 혁명가가 되기를 원하지 않는 사람들은 당신 마음을 기독교, 유대교, 이슬람교, 힌두교로 조건 짓는다. 혁명가는 그들의 이익과 대치되기 때문이다. 그래서 당신의 내면 깊은 곳에서 두려움이 생기도록 만든다. 당신의 두려움은 그들의 힘이 된다. 이렇게 권력에 관심이 있는 사람, 인생 전체가 권력을 향한 의지로 가득 찬 사람은 신이라는 가설을 아주 그럴듯하게 이용한다.

신이 있다고 믿는다면 신을 두려워해야 한다. 신을 두려워한다면 신의 명령과 계율을 지켜야만 한다. 성서, 메시, 성육신成肉身을 믿어야 한다. 신과 그 대리인을 추종해야만 한다.

사실은, 신은 존재하지 않는다. 존재하는 것은 신의 대리인뿐이다.

아주 이상한 사업이 아닐 수 없다. 종교는 세상에서 가장 이상한 사업이다. 사장은 없고 중개인만 있다. 사제, 주교, 추기경, 교황, 메시 등등 수직 구조의 중개인들만 있다. 맨 윗자리에는 아무도 없다.

예수는 신으로부터 권위와 정통성을 얻는다. 그는 신의 독생자가 되었다. 교황은 예수에게서 권력을 얻는다. 교황은 예수의 절대적 지지를 얻은 진정한 대변인이 되었다. 이렇게 해서 가장 낮은 사제에까지 이른다. 그러나 거기에 신은 없다. 오직 있는 것은 당신의 두려움이다. 신을 창안하고 요청한 사람은 바로 당신이다. 혼자서는 살 수 없기 때문이다. 삶을 직시할 능력이 당신에게는 없다. 삶의 눈부신 아름다움과 넘쳐나는 기쁨을 맞이할 수도, 삶이 주는 고통과 고뇌를 감내할 수도 없다. 누군가의 보호 없이는, 누군가가 씌워 주는 우산 없이는, 삶의 여러 모습을 당신 스스로 견뎌낼 각오가 되어 있지 않다. 두려움 때문에 당신은 신을 만들어 달라고 요청했다. 사기꾼들은 어디에나 대기 중이다. 부탁만 하면 사기꾼들은 당신을 위해 신을 만들어 줄 것이다.

신 때문에 당신은 두려운 마음이 들지 않았다. 신이라는 관념을 지금 당장 떨쳐 버려라! 두려움을 직접 겪어보고 두려움을 인간이 처한 하나의 실재로 인정해야 한다. 두려움으로부터 도망칠 필요가 없다. 당신에게 필요한 것은 더 깊은 두려움 안으로 들어가는 것이다. 더 깊이 들어갈수록 두려움이 점점 사라진다.

두려움의 맨 밑바닥까지 내려가면 아마 당신은 웃음을 터뜨릴 것이다.

두려워할 것이 아무것도 없기 때문이다.

이렇게 두려움이 사라지면 거기에는 순진무구함이 있다. 순진무구함은 최고의 선이다. 이런 순진무구함이 진정으로 종교적인 사람의 본질이다.

순진무구함은 당신에게 힘을 준다.

만일 세상에 기적이 있다면, 그것은 바로 순진무구함이다.

순진무구함이 바탕을 이루면 세상에 안 될 일은 없다. 순진무구함이 발현되면 당신은 기독교인이 되지 않는다. 이슬람교도도 되지 않는다. 당신 내면에 순진무구함이 가득하다면 당신은 진정한 의미에서의 보통 인간이 된다. 당신의 평범함을 온전히 인정하고, 평범함 속에서 즐겁게 살면서 존재 세계에 감사하는 보통 인간이 된다. 신에게 감사드리는 것이 아니다. 신은 다른 사람이 주입한 것에 지나지 않는다.

존재 세계는 관념이 아니다. 존재 세계는 당신 주위에 실재한다. 당신의 안과 밖에 실재한다. 당신이 순진무구함 속으로 완전히 들어간다면 가슴속 깊은 곳에서 감사함이 솟아오른다. 나는 이것을 기도라고 부르지 않는다. 기도는 무엇인가를 요구하는 것이기 때문이다. 나는 이것을 깊은 감사라고 부른다. 그 속에서 당신은 무엇인가를 바라지 않는다. 이미 당신에게 주어진 것에 대한 감사만 있을 뿐이다.

당신은 많은 것을 이미 받았다. 당신이 그럴 자격이 되어서도 아니고 힘들게 얻은 것도 아니다. 존재 세계는 아직도 많은 것을 당신에게 쏟아부어 준다. 그래서 더 많이 달라고 손을 벌리는 것은 추하기 짝이 없다. 당신은 받은 것에 감사해야 한다. 세상에서 가장 아름다운 현상은 이것이다. 당신이 감사할수록 존재 세계는 더 많이 쏟아부어 준다는 사실이다. 하나의 순환이다. 더 많이 받을수록 감사함은 더 넘쳐난다. 더 깊이 감사할수록 더 많이 받는다. 끝없이 계속되는 순환이다.

그러니 명심해라! 신이라는 가설은 이미 사라지고 없다. 당신이 신을 가설이라고 말한 그 순간에 신이라는 관념은 이미 내동댕이쳐졌다. 당신이 두려움에 떨든 상관없이 되돌릴 수가 없다. 모두 끝난 일이다.

이제 남은 일은 당신의 두려움으로 들어가는 것뿐이다.

고요히 두려움으로 들어가라! 그 깊이가 얼마나 되는지 끝까지 내려가 보아라!

그리고 가끔은 그렇게 깊지 않다는 것을 알게 될 것이다.

이런 이야기가 있다.

한 남자가 밤길을 걷다가 바위에서 미끄러졌다. 그 장소에 매우 깊은 낭떠러지가 있다는 것을 알기에 그는 천길만길 밑으로 떨어질까 두려움에 휩싸였다. 그는 바위 위로 뻗은 나뭇가지 하나를 붙잡고 매달렸다. 캄캄한 밤에 보이는 것이라고는 끝도 모르는 낭떠러지뿐이었다. 살려 달라고 소리쳤지만, 메아리만 돌아왔다. 지나가는 사람도 없었다.

그 남자가 겪었을 고통의 밤을 상상해 보아라! 매 순간 죽음이 기다리고 있다. 손이 점점 차가워지고 남자는 거의 손을 놓을 뻔했는데, 드디어 아침이 되어 태양이 솟아오르자, 그는 밑을 내려다보고는 웃음을 터뜨렸다. 낭떠러지는 없었다. 바위의 높이는 6인치에 불과했다. 그 밤을 편안하게 지낼 수 있었던 것을, 숙면을 할 수 있었던 것을, 바위는 잠을 자기에 충분히 널찍했다. 그러나 그에게 그 밤은 악몽이었다.

내 경험으로 하는 이야기들이다. 두려움은 6인치 높이에 지나지 않는다. 나뭇가지에 매달려 인생 전체를 악몽에 시달리며 사는 것도, 나뭇가지를 놓고 두 발로 굳건히 서는 것도 모두 당신에게 달려 있다.

두려워할 것은 아무것도 없다.